ひとりで生きて99歳

三條三輪

GENTOSHA

はじめに

気づけば、99歳。「まさか、この歳まで生きているとは……」と我ながら驚いてしまいます。気持ち的には30歳くらいなのです。「そんなバカな！」と思われるかもしれませんが、**みなさんもこの歳になれば、きっとわかる**と思います。

私は98歳まで耳鼻科の院長として患者さんを週5で診察し、いまは元患者さんからの電話相談に応じる毎日です。

シングルを貫きましたが、私が20代の頃、結婚しないというのはかなり珍しいことで、何度「結婚しないの？」といわれたかわかりません。

ですが、自信をもって、お伝えしたいことがあります。それは、「いくつになっても（たとえ99歳でも）、ひとりで生きることは楽しい」ということです。

ひとりで暮らすことには中毒性があると思います。一度味わったら、やめられない。「好きなときに寝て、好きなときに起きてご飯を食べて、自分のことだけ考えればいいんだから、お気楽でうらやましい」といわれたら、「そのとおり」と答えるでしょう。誰からも束縛されることがなく、自由気ままに生活できるのですから。

私は自分の意思でこうした人生を選んできましたが、後悔は何一つありません。

いまでは「婚活」という言葉が一般的になったようですが、婚活する理由の一つが「老後、孤独になりたくないから」だそうです。でも、それは誤解です。

私みたいに1世紀近くひとり暮らしをしていると、ひとり暮らしの達人になりますから、孤独を感じることはありません。**「いや、自分は孤独だ」という人は、〝ひとりの楽しみ方〟を知らないだけだ**と思います。

現在のような結婚制度が始まったのは、明治民法が成立した1898年です。たかだか125年の歴史しかないのです。それなのに「結婚して一人前」という風潮はおかしいのではないか、と昔から思っていました。

昨今の芸能人の不倫報道を見ていると、「結婚という制度は、はたして人間の本能に合っているのか!?」と考えてしまいます。私には何十年と、同じ人を好きで居続けられる自信がありません。たとえ結婚したとしても、早々に離婚していたのではないかと思います。

余談ですが、いまも好きな人はいて、電話でときどき話したりします。たまに2人で会うこともあります。「生きててよかった」と思うのは、こんなときです。たまに会うからこそ、ときめきが続くのかもしれません。

とにかく私は甘ったれで、いまでもヤキモチを焼きます。〝毎日が青春〟といっても過言ではありません。気持ちは20代の頃と同じなのです。

「その歳でひとり暮らしをして、病気や高齢で動けなくなったら、どうするの？」と聞かれることがありますが、先のことを心配しても仕方がありません。

「そんな無責任な」と思われるかもしれませんが、そうならないよう、自分にできることは日々、実践しています。夫がいたところで、男性は女性より平均寿命が短いわけですから、あてにはできません。子どもがいたところで、彼らには彼らの生活があります。

誤解されないよう、大事なことを一つ申し上げます。

私は「長生きがしたい」と思ったことは、一度もありません。「健康のために」と、サプリメントを飲んだことも一度もありません。

食事にしても、「食べたいものを食べる」のがモットーで、健康のために無理に身体にいいものを食べることはありません。「でも、どうせ食べるなら、おいしく食べたい」と思って、工夫を重ねてきました。

それが結果として、長寿につながっているのかもしれません。このあたりは、本書で詳しくお話しします。

ところで、私はよく年下の友人たちから「魔女みたい」といわれます。「どうして?」と聞くと、「その歳で医者の仕事をやり、それ以外にも自分の好きなことに没頭していて、いつも楽しそう。私らと同じ人間とは思えないですよ」といいます。

最初の頃は「自分が魔女みたいな風貌なのか」と思ってドキドキしましたが、見た目のことではないのですね。ちょっとホッとしました。

でも、魔女といわれるのはキライじゃありません。むしろ気に入っています。魔法が使えて、いろんなことが叶《かな》えられたら素敵じゃないですか。

こんな私ですが、この原稿を書いている間にとんでもないことが起こりました。

40年近く、患者さんを診察してきた耳鼻咽喉科クリニックを閉院することになったのです。

理由は2つあります。一つは、新型コロナウイルス感染症の爆発的な流行のせいで、患者数が減ってきたこと。もう一つは、いままで手書きで処理していた診療報酬の明細書をパソコンで作成しなければならなくなったこと。

私は機械オンチで、パソコンが使えません。新たにスタッフを雇ったり、設備投資する金銭的余裕もありません。赤字を抱えてまでクリニックを維持することはできなかったのです。

いまは元患者さんからの電話相談に応じる日々です。医療行為はできませんが、「病院の何科に行くのがいいだろうか？」とか「風邪気味でノドが痛い。どうすればいいでしょう？」といった相談に乗ることはできます。なかには、「どうすれば長生きできますか？」という珍相談《ちんそうだん》が紛れ込むこともあります。

クリニックはなくなりましたが、私の医師免許がなくなったわけではありません。これからも元患者さんの相談にはジャンジャン応えていこうと思っています。

我ながら、好き勝手に生きてきた人生だと思います。好き勝手に生きると、失敗は多くなります。でも、**人は失敗からしか学べません。失敗の数が誰よりも多い私は、もしかしたら人一倍学んでいるのかもしれない**——それが、私が本を書こうと思ったきっかけです。「これは人様のお役に立てるに違いない」「これだけはどうしても伝えたい」ということだけに絞って書きました。私が学んだことを「魔女の極意」として本書で紹介していきます。

みなさまにとって、人生を明るく、強く生きるヒントになれば、とてもうれしく思います。

2023年10月

三條耳鼻咽喉科クリニック元院長　三條　三輪《みわ》

ひとりで生きて99歳／目次

第1章

〝不運が幸運になる
発想の転換〟

第2章

好き放題に暮らしながらの「おいしい生活」

第3章

身体の〝異変〟は「やめて」のサイン

第4章

99歳になっても人生は最高

第5章

ストレスは「ええい！」でかわす

第6章

ただただ、好きなことをやっているだけ

第7章

戦争だけは、あの世にいっても反対する

装丁 萩原弦一郎
カバー写真 松本佳子
構成 佐久間真弓
DTP 美創

第1章

不運が幸運になる〝発想の転換〟

★病弱だった人ほど長生きする現実

私はずいぶん長生きしていますが、健康に気をつけてきたというわけではありません。「医者の不養生」の言葉どおり、定期健診もまともに受けたことはなく、好きなものを食べ、好きなことをして生きてきました。まさに「どういうわけか死なないのよね」という状況なのです。

99歳といえば、否応なく死が目前にあると思うでしょうが、私的にはまったく死ぬ気がしません。まわりの友人や知り合いが鬼籍《きせき》に入っても、私はまだまだ大丈夫だというヘンな自信があるのです。

90歳を超えて長生きしているので、子どもの頃も元気だったのだろうと思われそうですが、実際は病弱でした。確か小学校2年生の頃でしょうか。肺門リンパ腺炎という病気になってしまったのです。

これは肺にあるリンパ腺が炎症を起こしたもので、子どもに多い病気でした。症状は食欲不振、発熱などですが、症状がない子どももいたようです。

両親は「小児結核になったら大変だ」といって、私は小学校を1年間休学させられました。肺門リンパ腺炎は、結核の元みたいに思われていたので、とても心配したようです。

その後、今度は18歳のとき、息ができなくなって、死にそうな思いをしたことがあります。当時、昭南《しょうなん》病という病気が若い女性に流行っていたのです。

昭南というのは、戦争中に日本が占領したシンガポールのことです。当時、日本軍が南方に侵攻していたので、シンガポールあたりから感染症が流入したのではないかといわれていました。その病気にかかってしまったのです。

意識ははっきりしているのに、息ができなくて苦しくて、苦しくて。唇も紫色になっていたそうです。いくら息を吸おうとしても酸素が入ってこないのです。ほとんど死にかけていました。

そのとき、そばにいた小児科医の母がとっさにカンフル剤（蘇生させる薬剤）を胸に直接注射して、息を吹き返したそうです。腕に注射したのでは間に合わないと思ったのでしょう。

母は必死に私の名前を呼びながら、カンフル剤を注射したらしいのですが、動転していたのか、カンフル剤を容器から吸い上げるときに、力を入れすぎて何本も注射器をダメにしたそうです。「あなたを助けるのに、ありったけのカンフル剤を注射したのよ」と後で話していました。

カンフル剤といっても、いまの若い人にはわからないと思いますが、強心剤のことです。昔は心臓マッサージという蘇生術も知られていなかったし、救急車もまだ普及していない時代でした。

おそらく病院にも運ばれず、昭南病で亡くなる若い女性が結構、多かったのではないかと思います。

この病気は一過性というか、一気に流行して収束していったので、どういう病気だったのか、いまとなってはわからずじまいです。

私は母が医者だったおかげで一命を取りとめましたが、心配して私の顔をのぞき込む両親に「さよなら」とつぶやいたのを覚えています。

両親は本当に死ぬんじゃないかとドキッとしたようですが、私の頭はすごく冷静で「これが最後かもしれないから、お別れの言葉をいっておこう」と思ったのです。

苦しい息の中で、よくそんなセリフを吐けたなあと感心します。我ながら芝居っ気があったんですね。

もし、そこで死んでいたら、わずか18歳という短い命でした。**それが99歳まで生きているのですから、人生とはわからない**ものです。

みなさんの中にも、大病を患ったりして、「長生きできないかも」と思っている人がいるかもしれませんが、心配ご無用。私の印象では病弱だった人ほど長生きしている気がしますので、どうかご安心を。

魔女の極意★

「長生きできない」が口ぐせの人ほど長く生きる

★ひっくり返って10日間の入院生活

私はケガもよくします。かなり、おっちょこちょいなんですね。

数年前の話ですが、デパートで買い物をして両手に大きな荷物を持っているとき、何かの拍子にすべったのか、後ろ向きにバターンとひっくり返ってしまったのです。アスファルトの道路に頭をしたたかにぶつけて、目の前に火花が飛び散りました。

一瞬、何が起こったのかわかりませんでしたが、気づくと、道路に横たわっていたのです。通りすがりの人が「大丈夫ですか？」と声をかけてくれますが、あまりの痛さに声が出ません。

ようやく立ち上がって頭に手をやると、ものすごく大きなたんこぶができていました。けれども、出血もせず、身体もなんともありません。頭だけがズキズキと痛みます。めまいがするわけでもなく、「大丈夫だろう」と思って自宅に戻りました。

すると、数日後に手がしびれてきたのです。さすがに「これはおかしい」と思い、知っている脳神経外科の病院を受診しました。


ところが、CTを撮っても何の異常もないのです。対応した医師からは「大丈夫ですよ」といわれたのですが、私も医者です。違和感を放っておくようなことはしません。

「私は医者なので、よくわかるんです。CTじゃなくてMRIを撮ってください」

と迫りました。担当医師は困ったような顔をしましたが、患者の私が医者なので、仕方がないと思ったのでしょう。根負けしてMRIを撮ってくれました。

そうしたら、案の定、異常が見つかりました。頭の中に血のかたまりがあったのです。病名でいうと、硬膜下血腫《こうまくかけっしゅ》です。

硬膜下血腫とは、頭部を打撲してしばらく経ってから、頭蓋骨と脳の間に血液がたまってくる状態のことをいいます。症状としては、手足のまひ、頭痛などが現れますが、頭をぶつけた直後に検査してもわからないことが多く、３カ月ぐらい経ってから異常が見つかることもあります。

このときは、局所麻酔をして頭に穴を開け、そこから細い管を入れて血腫を取り除きました。「私、痛がりだから痛くないように手術してください」とお願いしたら、本当に痛くなく処置してくれました。**ダメ元でいったのですが、いってみるもんです。**

ただ、管を引き抜くときだけは痛かったのを覚えています。

その間、経営していた耳鼻咽喉科のクリニックを10日間休診にしましたが、本当の理由は内緒にしました。すべって頭を打ったなんて、恥ずかしいですから。

患者さんからは「10日間も休むなんて、どこに行っていたんですか？」と聞かれましたが、「ふふふ」とごまかしておきました。

いまでも頭を触ると、穴があったとわかる痕跡があるのが確認できます。「名誉の負傷」ならぬ、「おっちょこちょいの負傷」といったところでしょうか。

魔女の極意★

都合の悪いことは、うまくごまかす

★駅のホームで転んで鼻血がブーッ

夜の8時頃だったと思います。知人との約束に遅れそうになり、慌てて駅のホームを走っているときでした。何かにけつまずいて、前のめりにデーンと転んでしまったのです。

こういうとき、私は両腕を出すのを忘れてしまうようで、もろに顔を地面に叩きつけてしまったのです。たいして高くもない鼻を打ち付けてしまい、その瞬間、鼻血がドバーッと出たのです。

私は耳鼻咽喉科の医者ですから、とっさに「鼻の骨が折れたな」と思いました。
私自身は案外、冷静だったのですが、まわりにいた人たちが鼻血にびっくり仰天。

駅員さんが駆けつけて、すぐに救急車が呼ばれました。

救急車はすぐに来たのですが、どの病院も空きがなく、1時間ほど、都内をグルグルと回ることになってしまいました。


やっと受け入れてくれる病院が見つかったのですが、そこは夜間の救急外来。経験豊富な外科医の先生は、命に関わる別の患者さんの処置をしていたため、私に対応したのは、まだ医者になりたての研修医の若い男性でした。

私が「鼻の骨が折れているみたいだから、CTを撮ってちょうだい」といっても、「いや、骨は折れてないですよ」の一点張り。そこで押し問答になりました。

「絶対、骨が折れているから、CTを撮ってちょうだいよ」と繰り返しました。

最後には、私の粘り勝ち。「私、耳鼻咽喉科の医者をやっているから、わかるのよ」と伝家《でんか》の宝刀《ほうとう》を抜いたら、あっさり引き下がったのです。

CTを撮ってみると、はっきりと骨折している画像が写りました。「ほらね」というと、若い医師はちょっと悔しそうな顔をしていました。

けれども、折れた鼻の処置はしてもらえず、私はそのまま自分のクリニックに向かいました。

診察室で鏡を見ながら、消毒液をつけた綿棒で自分で鼻の穴をぬぐい、そのままエイヤッと折れた骨を元に戻しました。

このときの処置のせいで、いまも鼻が少し曲がっているような気がして仕方がありません。

夜間の救急外来は、研修医の若い医者が詰めていることが多く、適切な処置や治療ができないことがあります。私は自分が医者だったので、「骨が折れている」と強く主張できましたが、これが一般の患者さんだったら大変なことになっていただろうと思います。

自分で何かおかしいなと感じたら、医師に強く迫ってみるほうがいいと思います。
自分の直感は、案外、正しいものですから。

魔女の極意★

人生で何回か「ほらね」といったことが起こる

★アメリカ政府関係者の車にひかれる

２００１年9月11日のアメリカ同時多発テロ事件が起きる数年前だったでしょうか。私が70歳になるかならないか、という頃だと思います。蒲田《かまた》の街中を歩いているときに、後ろから車にドシンと当てられたのです。

車は大したスピードではなかったので、ゴンとひっくり返っただけですんだのですが、このときも顔からアスファルトの道路に倒れてしまい、鼻血がドバッと出ました。スピードが出ていたら、それだけではすまなかったでしょう。

警察が駆けつけましたが、その車に乗っていたのがアメリカの国土安全保障省の人だったのです。日系アメリカ人で、日本語もペラペラ。私に対しても紳士的で「ごめんなさい、大丈夫ですか？」と流暢《りゅうちょう》な日本語で聞いてきました。

私は鼻血が出ていて、とんでもない風貌になっていたはずですが、「なんてハンサムな人だろう」と思い、**目の保養になると思って、ここぞとばかりに彼のことをジーッと見つめていた**のを覚えています。

通りすがりの人が「なんだ、なんだ」というように集まってきましたが、その中の若い女性たちは、彼の美男子ぶりを見るために近寄ってきたんじゃないでしょうか。それくらいの美青年でした。

このとき、なぜ蒲田にいたのかというと、幼い頃からの夢だった「舞台女優」をしていたからです。母と同じ医者という職業を選んだ私でしたが、もう一つの夢も諦めきれず、東京女子医大に入学した頃から「舞台女優になりたい」と思っていたのです。

東京女子医大を卒業後、無給の研修医として働きながら、舞台女優への道を模索していました。「石の上にも三年」という言葉がありますが、強い意志で念じていたら、演劇に縁のある大先輩の医師のもとで働くことができたのです。

そのおかげで、医者の仕事をしながら、舞台女優として舞台に立つことも可能になったというわけです。

いまは新宿区の大久保に自分の劇団を持っていますが、この当時は蒲田にあったのです。私にとっては、医者の仕事も演劇も、どちらもやりがいがあり、充実した日々を送っていました。そんな頃にアメリカの国土安全保障省の職員の車に追突されてしまったのです。


私は車にぶつけられたのがショックで、気が動転してしまい、劇団の後輩に電話をして来てもらいました。

私は彼の姿を見てホッとしたのですが、彼のほうは、そうではありませんでした。私のことはほったらかしで、車をぶつけてきたハンサムな日系アメリカ人のほうに目が釘付けになっていたのです。

確かに、アメリカの国家安全保障省の人に出会うなんて、そうそうあることじゃありません。私のことを心配するより、日本語ペラペラの日系アメリカ人に、国土安全保障省についてあれこれ尋ねていました。

それを見て「まったく、何をしに来たのやら」と呆れましたが、私は鼻血が出たくらいで、身体には何の異常もありませんでした。

日系アメリカ人の名誉のために付け加えておくと、私は歩道ではなく車道を歩いていたのです。警察官にも「ここ、歩道じゃありませんよ」と苦言を呈《てい》されてしまいました。

それでも、交通事故は車の運転手に責任がありますから、私が被害者であることに変わりはありません。

おおごとにならなかった私は、「どうせならハンサムな日系アメリカ人から、名刺の1枚でももらっておけばよかった」と、ちょっとだけ後悔したのでした。

魔女の極意★

目の保養でエネルギー・チャージ

★歳を取っても骨が丈夫なワケ

私の武勇伝をいくつか紹介しましたが、それ以外にも、度々、転んでいます。道路のちょっとした段差にけつまずいたり、気取って履いたハイヒールが側溝の穴にはまったり。何もないところで転んだこともあります。

気づくと、道路に横たわって青い空を眺めているという按配《あんばい》です。こんなに転んでいるのに、命に関わるケガをしていないのは不幸中の幸いといえるでしょう。

よく高齢者が転ぶと、「簡単に骨が折れるから気をつけるように」といわれるのですが、私の骨は丈夫にできているようです。80歳ぐらいの頃にデパートの催し物で、骨密度を測ってもらったことがあるのですが、「60歳くらいですね」といわれたことがあります。これは自慢してもいいでしょう。

カルシウムが多く含まれている牛乳は、たまに口にするぐらいで、カルシウムのサプリメントを飲んでいるわけでもありません。でも、骨は丈夫なようです。

子どもの頃に牛乳をイヤというほど飲ませられたおかげで、骨密度を上げる〝骨の貯金〟ができていたのかもしれません。

私は野菜が大好きで、**市販のお弁当を食べるときでも、野菜たっぷりのお味噌汁を作っています。**その具となる小松菜やダイコンはカルシウムが豊富ですから、こうした野菜を毎日のように摂っていると、カルシウム不足にはならないのだろうと思います。

また、骨を丈夫にするためには運動も欠かせませんが、買い出しのときに20分以上歩くし、舞台稽古では立ちっぱなし、歩きっぱなしになります。知らず知らずのうちに運動不足が解消されているのでしょう。

義務感で運動するのはしんどいですが、好きなことをして筋力を鍛えることになるなら、それに越したことはありません。

とはいえ、99歳ともなれば、転んだ拍子にポキンと折れる可能性もあります。寝たきりになったら大変です。

他人のお世話にはなりたくないですから、自分の幸運にあぐらをかかずに、段差に気をつけて歩きたいと思います。

魔女の極意

野菜は便秘解消だけでなく、骨も強くしてくれる

第2章

好き放題に暮らしながらの「おいしい生活」

★国産の牛肉の切り落としが、生きる活力

2021年に99歳で亡くなった瀬戸内寂聴《せとうちじゃくちょう》さんは、肉が大好きで、テレビ番組でもよくステーキを食べる姿が映し出されていました。

また、2017年に105歳で亡くなった聖路加国際病院の日野原重明《ひのはらしげあき》さんは、朝はオリーブオイルを入れた野菜ジュースに牛乳1杯、昼はクッキーと牛乳だけと小食でしたが、夕食にはステーキや魚料理など、動物性タンパク質を摂っていたそうです。

ともに長寿だったお2人の共通点は、肉が好きなこと。かくいう私も肉が大好きです。とくに牛肉が好きで、食べないでいると気分が落ち着かなくなります。

若いときはユッケなど生肉が好きでしたが、食中毒が心配なので、いまはもっぱら煮たり、焼いたりして食べています。

本当はステーキも好きなのですが、値が張るので、日頃は控えています。安売りをしているときに、奮発してステーキにします。焼き方はレアにしますが、たまに食べるから、なおいっそう、おいしく感じるのでしょう。

医者をしていたのだから、お金はあるだろうと思われるかもしれませんが、金食い虫の劇団を主宰していますから、貧乏暇なし。普段は安い牛肉を買います。といっても輸入ものではなく、国産です。**国産牛のほうが味がいいし、輸入物には肥育ホルモン剤が使われていることもある**ので、避けています。

肥育ホルモン剤は、牛に投与すると成長が促進され、赤身肉が増えるそうです。成長が早くなれば、飼料が少なくてすむから万々歳というわけです。

日本では肥育ホルモン剤の使用が認められていません。それなのに、なぜ使用し

ている輸入牛肉が流通してい
るかというと、基準値を守っ
ていれば安全性に問題はない
という判断のようです。
それをどう考えるかは人そ
れぞれですが、私はできるだ
け安全な牛肉を食べたいので、
普段は国産の牛肉の切り落と
しを買っています。これなら懐にもやさしく、気兼ねなく食べられます。1日置き
に食べるほどです。

その切り落とし肉を焼いたり、煮たり。ジューッと焼いて、お醤油をかけて食べ
ます。煮るときは、白菜やネギ、お豆腐などを入れ、お砂糖とお醤油を適当に入れ
て食べます。スキヤキみたいなものですが、これがまた、すごくおいしいのです。

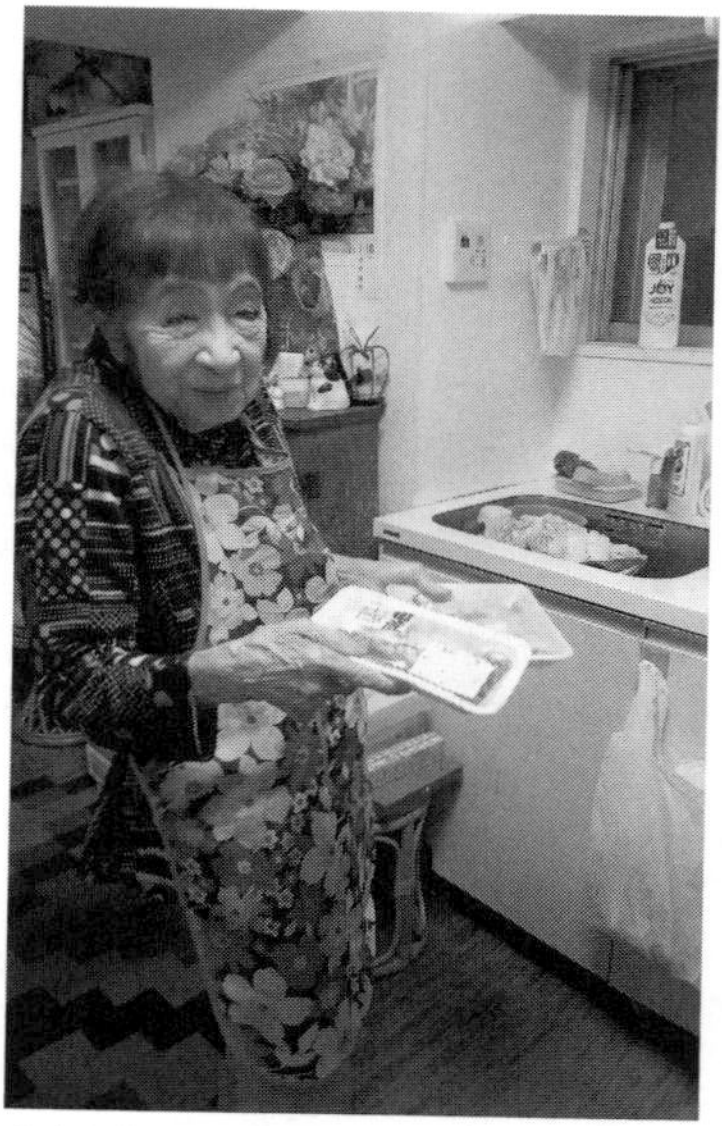
牛肉を使う料理をする前は、自然と笑みがこぼれる。

私が頻繁に作る、10分でできる、極ウマ牛肉（長生き⁉）レシピを次頁でご紹介します。やみつきになること、請け合いです。
牛肉を食べているときは、本当に幸せです。

魔女の極意★

牛肉は死んでも食べ続けたい

★ 焼き肉

材料 牛肉の薄切り……………適量

①フライパンにマーガリンを入れて溶かす
②牛肉を広げてフライパンに入れる
③両面を焼く
④焼けたらお皿に取り出し、醤油をかけて食べる

★ 牛肉の佃煮

材料 焼き肉で使った牛肉の薄切りの余った肉

①フライパンに油を入れる
②フライパンが熱くなったら、肉を入れる
③醤油、砂糖を入れる(砂糖は多め、醤油は適宜)
④味がととのったら、火を止める

★ 肉豆腐

材料 牛肉切り落とし……………適量
白菜……………適宜
豆腐……………半丁

①鍋に白菜を適当に切って入れる
②水を少し入れて火をつける
③白菜が軟らかくなってきたら、牛肉を入れる
④醤油、砂糖を入れる(砂糖は多め、醤油は適宜)
⑤豆腐を鍋の真ん中に入れて、煮る
⑥白菜、牛肉、豆腐に味がしみてきたら、できあがり

★鶏肉や豚肉のほうが合う料理もある

肉は何でも好きですが、牛肉の次に好きなのは鶏肉です。脂身が苦手なので、鶏肉のさっぱりした味わいが好きです。

よく買うのが鶏肉のささみ。それを煮え湯にパッと入れて、まわりが白くなったら引き上げます。中身は生なのですが、肉がパサパサにならずにおいしく食べられます。ささみ１本を３つぐらいに切って、わさび醤油などで食べるのが好きです。

お肉からタンパク質をしっかりと摂っているから、わずかばかりですが、筋肉を維持できているのかもしれません。

ただ、生のささみには細菌がついていることがあり、食中毒で病院に担ぎ込まれる人もいます。それがこわくて、絶対食べないという人もいますが、私は若い頃からそうやって食べてきました。でも、一度も食中毒になったことはありません。

友人たちからも不思議がられますが、これも魔女の効力なのかもしれません。

それでも、歳を取ってからは少し気にするようになり、中まで火を通すこともあります。


鶏肉でよく作るのがチキンライス。もも肉を細かく切り、タマネギもみじん切りにします。中華鍋に油を引いて、硬めに炊いたご飯を入れ、味の素とお酒をちょっと入れます。そこに、もも肉とタマネギを入れて混ぜ、最後にケチャップとお塩で味付けします。

このやり方はチキンライス屋さんで教わりました。これに薄焼き卵を作って上にのせればオムライスになります。お孫さんがいる人なんかは、喜ばれると思います。

牛肉や鶏肉に比べると、豚肉はあまり食べません。ただ、カレーにするときは、豚肉を使うこともあります。

カレーには、タマネギ、ニンジン、ジャガイモと、野菜をたくさん入れます。これ1品で1食分になるので、重宝します。

いまは、私の一番弟子だった劇団員（74歳）が付き人として、劇団の運営を手伝ってくれていますが、彼がいるときは、カレーライスやチキンライスなどを多めに作ってごちそうしています。食べてくれる人がいると、作りがいがありますね。

魔女の極意

身体を動かすためにも
毎日自炊する

★冷蔵庫の中には野菜がギュウギュウ。生で食べたり、煮物にしたり

私は肉も好きですが、野菜も大好き。いつも冷蔵庫の中には野菜がぎっしり入っています。少しでも隙間ができると、スーパーに行って買い足しています。たまに、冷蔵庫の奥のほうに古い野菜が紛れ込んでいて、変色したキュウリなどがベチョベチョになっていることもあります。

世界には飢餓に苦しんでいる子どもたち、日本でも貧困状態にある子どもたちがいるというのに、なんてもったいないことをしたのだろうと、いつも後悔します。

それでも、野菜に関しては足りなくなると不安になり、スーパーに行くと、必要以上に買ってしまいます。よくないクセですね。

野菜はサラダとして生でも食べますが、そのときは水洗いを徹底します。いまの野菜は農薬をかけて育てていますから、とても気になります。昔はキャベツや白菜に毛虫がついていることがありましたが、いまは皆無です。それだけ農薬をかけているということでしょう。

毛虫がついているのもイヤですが、**農薬も身体に害になりますから、水道水を出しっぱなしにして、ていねいに洗います。**人間は虫のように農薬で死ぬことはないとはいえ、「塵《ちり》も積もれば山となる」です。

葉野菜はサラダで食べますが、大根やカボチャなどの根菜類は煮物にして食べます。味付けは、お醤油とお砂糖。私の定番の調味料です。

ナスは生のまま、縦2つに切って、それをさらに細かく刻んで、味の素とお醤油で和えます。キュウリは皮を少しむいて薄く切って、お醤油をかけたり、ドレッシングをかけたりします。お味噌をつけてボリボリ食べることもあります。シンプルな味付けが多いですね。
野菜の食べ方として多いのが、お味噌汁に入れること。冷蔵庫に残っているもので作りますが、いつも入れるのがサツマイモ。これを薄く輪切りにして、お味噌汁に入れます。

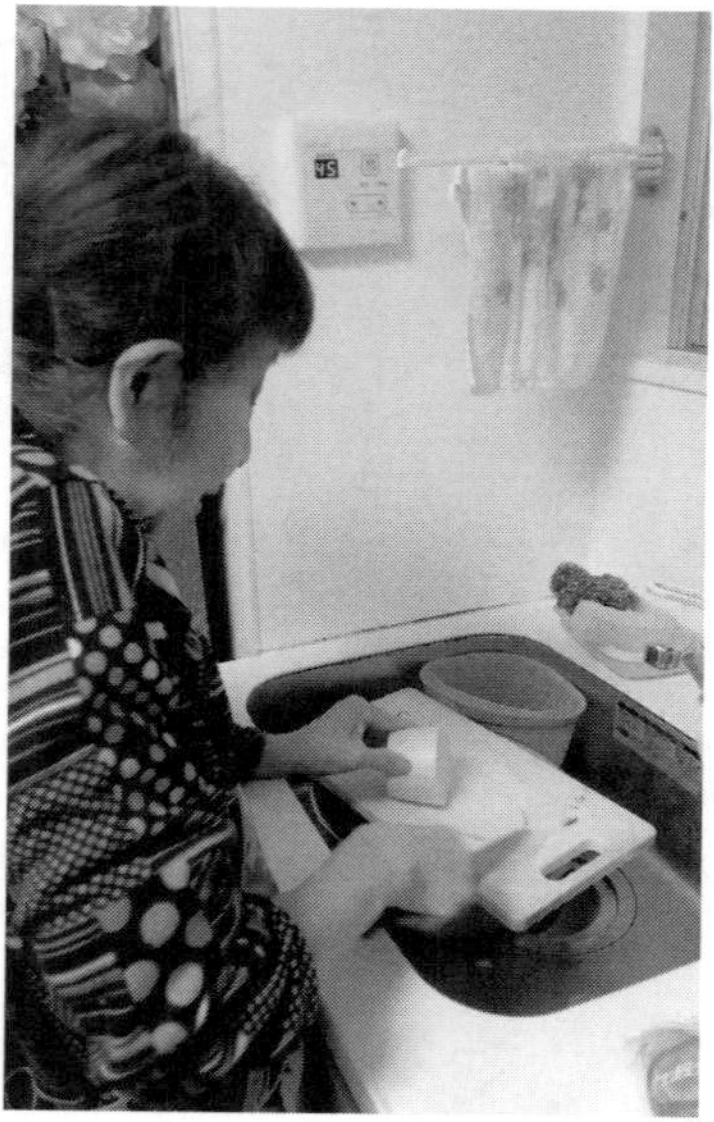
大根は、面倒くさいので皮をむかない。その代わり、しっかり洗って薄切りにする。

お味噌汁にサツマイモを入れるようになったのは、「もうちょっと甘みがほしいな」と思ったのがきっかけです。「お砂糖を入れたら、まずくなるしなあ」と思って台所を見回したら、サツマイモが目についたのです。「ちょっとした甘みにいいのでは？」と思い、お味噌汁に入れたら、最高においしかったというわけです。

ガスコンロを2つ使って、手際よく作る。

私は野菜が好きだから、食卓には野菜の煮物やサラダが並びます。肉も好きだから食べていますが、ビタミンだとか、食物繊維だとか、動物性タンパク質だとか、そんなことを気にして食べたことはありません。

最近、知人に「普段、どんなものを食べているの？」と聞かれ、詳しい話をしたら、「すごく健康的な食事ですね」といわれ、驚いたほどです。

私が週1で作る、お味噌汁とキュウリのサラダとフリルレタスのサラダのレシピもご紹介します。

好きなものを好きなだけ食べているので、めちゃくちゃな食生活だと思っていたのですが、多少は身体にいいものを食べていたみたいです。
だからといって、あまり好きではない納豆をガマンして食べる、なんてことをするつもりはありません。

魔女の極意

大好物の野菜を食べない日はない

★ お味噌汁

（材料）サツマイモや大根、白菜など冷蔵庫に余っている野菜
出汁パック……………適宜

①サツマイモと大根は薄く輪切りにし、食べやすい大きさに切る
②冷蔵庫に余っている野菜（白菜など）を適当に切る
③鍋に水を入れ、煮立たせる
④切った野菜と出汁パックを適量入れて、野菜が軟らかくなるまで煮る
⑤味噌を入れて、できあがり

★ キュウリのサラダ

（材料）キュウリ

①キュウリを３等分にして、薄く縦に切る
②薄く切った表面に塩をなでるように塗る

★ フリルレタスのサラダ

（材料）フリルレタス、和風ドレッシング

①フリルレタスをよく洗う
②適当な大きさに手でちぎる
③和風ドレッシングをかける

★魚は骨がこわくて食べられない

生魚には、血液をサラサラにするEPAや、脳や神経の発達に必要なDHAが豊富に含まれています。だから、高齢になればなるほど、魚を食べたほうがいいと強調されるのでしょう。

それはわかるのですが、はっきりいって魚は苦手です。子どもみたいだといわれそうですが、骨がノドに刺さりそうでこわいのです。

私は耳鼻咽喉科の医者でしたから、「魚の骨がノドに刺さって取れない」という患者さんがたまに来院することもありました。

土用の丑《うし》の日など、せっかく疲労回復のためにウナギを食べたのに、ノドに骨が刺さるなんて、まったくもって、運が悪いにもほどがあります。

ウナギの骨は、すごく細くて小さいのですが、意外にも硬くて、刺さると取れにくいのです。歯医者さんでも取ってくれますが、耳鼻咽喉科が専門になります。ウナギだけでなく、小骨の多い魚は要注意です。そんな患者さんを大勢診てきたので、いつの間にか、魚が食べられなくなってしまったのです。

骨がなければ問題がないので、お刺身は食べます。中でもトロが大好き。本マグロのトロなんて、たまりません。

骨がないので、お寿司も好きです。昔は行きつけのお寿司屋さんがあって、よく食べに行ったものです。

最近は、外国でも魚を生で食べるようになりました。以前は「生で食べるなんて野蛮だ」と揶揄《やゆ》されたこともあったようですが、いまでは健康的だといわれて、マグロなどは世界中で争奪戦になっています。

肉も好きですが、「最後の晩餐《ばんさん》で何を食べたいか」と聞かれたら、「トロ」と答えるでしょう。骨さえなければ、魚も好きなのです。焼き魚は食べませんが、お刺身は週に4回は食べています。もちろん定価ではなく、夕方の安い時間帯にスーパーに繰り出して、ゲットしたものです。

こうしてみると、**血液をサラサラにする食べ物も、結構、食べています。**長生きするために身体が欲しているのかもしれません。

魔女の極意

魚は味も栄養も、生がいちばん

★熱々のご飯にバターをのせると、おいしい

朝食には、よくパンにバターとジャムをつけて食べています。飲み物は、コーヒーに牛乳を少し入れて飲むのが好みです。バターがすごく好きで、パンにはこれでもかというくらい、たっぷり塗ります。バターがないときは、マーガリンにします。

熱々のご飯にバターをのせて食べることもあります。ちょっと塩味がして、おいしいのです。おかずがなくても、これだけでも食べられます。こんな変わった食べ方をするから、魔女のようだといわれるのかもしれません。

バターにしても、マーガリンにしても、健康にいいとはいえませんが、99歳にもなって、いまさら食べるのを控えようとは思いません。それに、１回に何百グラム

も摂るわけじゃないので、まあいいか、と思っています。

昼食は、クリニックを閉院するまでは、近所の定食屋で食べていました。いまはクリニックに通っていないので、1日2食です。

料理を作るのは、もっぱら夜です。それが習慣になっていますが、劇団の公演が近づいているときや、演劇や医学関係の雑誌の原稿の締め切りが迫っているとき、脚本を書かなくてはいけないときなど、時間がないときは無理をしません。

コンビニでお弁当を買ってきたり、カップラーメンを食べたりすることもあります。**お弁当を食べるときには、必ず、お味噌汁を作ります。**健康のためというよりは、なんとなくお弁当だけだと寂しい気がするからです。

何か1品だけでも手作りのものがあると、気分的にも満たされるような気がします。

カップラーメンを食べるときによくやるのが、チンゲン菜を薄く千切りにして乾麺《かんめん》の上にのせ、そこに熱湯をかけること。3分後にはチンゲン菜がほどよく軟らかくなり、シャリシャリとしておいしくなります。

食べ物に関しては自己流で、作ってみておいしかったら定番にします。

食卓が少し寂しいと思ったら、1品足す。この習慣は身体と心にとって、実はものすごく重要ではないかと思っています。

魔女の極意★

カップラーメンのお湯で野菜もゆでる

★皮をむく果物は、めんどうなので食べない

女性は果物が好きだというイメージがあるようですが、私の場合は当てはまりません。正確にいうと、果物が嫌いなのではなく、皮をむいたりするのがめんどうだから食べないのです。

リンゴや梨などは、めんどうくさい果物の代表です。皮をむいたり、芯《しん》を取ったりすることを考えただけで、うんざりしてしまいます。

果物の中で、比較的いちごはよく食べます。といっても、コンデンスミルクをたっぷり入れて、スプーンでいちごをつぶします。そうやって、甘いいちごのスムージーのようにして食べるのが最高です。食べるたびに、幸せを感じます。

酸っぱいのが苦手で、グレープフルーツなどは見るのもゾッとしますが、甘い柿

やモモは好きな部類です。皮をむくのも気にならず、むしゃむしゃ食べます。それでも、あえて果物を食べようとは思いません。気が向いたときに食べるだけです。

料理するのは嫌いじゃないのに、リンゴや梨の皮をむくのが、めんどうくさいなんて不思議です。自分だけのために皮をむくことは滅多にありませんが、知り合いが自宅にやってきたときには、リンゴの皮をむいてあげることもあります。

めんどうといえば、コーヒーはインスタントと決めています。いまは簡単にできるドリップ式もありますが、インスタントの粉をスプーンで入れるほうが、ずっと簡単です。

自宅では紅茶は飲みません。紅茶のパックをお湯に浸して色が変わるのを待つのがめんどうだからです。もっぱら喫茶店など、外出したときに飲みます。そのときは、お砂糖とミルクをたっぷり入れます。それがすごくおいしいんです。

知り合いの中には、コーヒーや紅茶を淹《い》れるのが気分転換になるという人もいますが、そんな悠長なことはやっていられません。生き急いでいるわけではないですが、時間がもったいなくて、落ち着かなくなるのです。

きっと、好きの度合いによって、自分の中でかけられる時間の長さが違うのだと思います。

魔女の極意

「おいしい」より「手軽」をとることも

★結構使える、スーパーの安売りコーナー

クリニックを経営しているときは、そこからの収入がありましたが、いまは貯蓄していたお金でやりくりしています。

私が病院勤めをしているとき、年金制度はあったと思うのですが、クリニックを開設したときに、きちんと手続きをしなかったため、年金が雀《すずめ》の涙になってしまったのです。本当に私はうっかり者です。

しっかり手続きをしていれば、それなりの額の年金をもらえたと思うのですが、覆水盆《ふくすいぼん》に返らず。どうにもなりません。

クリニックを閉院したうえに、このところの物価高で、食料品を買うのも気を遣

っています。大好きな牛肉も値段の高いものはやめて、いまはもっぱら国産牛肉の切り落としですが、作り方次第で、おいしくなります。むしろ、「どうやったら、さらにおいしく食べられるのだろう」と、工夫するのが毎日楽しいくらいです。

最近はスーパーの安売りコーナーで、少し古くなった野菜なども買うようになりました。以前は目もくれなかったのですが、人間、変われば変わるものです。

買いものに行くと、つい必要のないものまで買ってしまうのですが、いまは「貧乏なんだから、高いものは買っちゃダメ」と念仏のように唱えながら、売り場をまわっています。いつの間にか、「貧乏だ」が口癖になってしまいました。

そうはいっても、実際のところ、そんなには気にしていません。**いざとなったら、「梅干しとご飯だけでも生きていける」**と思っています。私は戦時中の貧しい時代を経験していますから、「なんとかなるだろう」という気持ちでいます。

そういう意味では、老後の生活は心配していません。99歳の私はすでに老後も老後、棺桶《かんおけ》に片足を突っ込んでいるのかもしれませんが、この先、何十年も生きるわけじゃなし、気にしても仕方がありません。先の心配は、そのとき考えればいいのです。こういう楽天的な考え方だから、この歳まで生きているのかもしれません。

魔女の極意

老後なんてない、常に現役

★夜寝るときは、口の中にあめ玉をしのばせる

私が子どもの頃は、日中戦争も太平洋戦争もまだ先のことで、食べ物に不自由していませんでしたから、甘いものもよく食べていました。5～6歳の頃は、近所のお菓子屋さんでチョコレートを買ってもらい、毎日のように食べていました。

家族に「チョコレートお嬢さん」といわれるくらいのチョコレート好き。母が仕事に出かける前に、チョコレートを一粒もらってから見送るのが習慣になっていたくらいです。

自分のベッドのそばにはお菓子の箱を置いておき、部屋にいるときもお菓子を欠かしたことがありません。本当に甘党でした。

それは大人になってからも変わらず、芝居の打ち合わせをするときなど、ひなあられをポリポリ食べたり、小さい羊羹《ようかん》をふところに忍ばせて、小腹が空《す》くとパクッと食べたりします。

落雁《らくがん》も好きです。お盆になると、魚や花の形をした落雁が店先で売られていますが、これを買ってきて、割って食べます。

ただ、チョコレートに関しては、医学生の頃、イヤというほど食べたので、いまは食指が動かなくなりました。どうも好きになると、見境なく口にする習慣があり、飽きるまで食べてしまうのです。

ケーキはというと、私は昔あったバタークリームのケーキが好きで、いま主流になっている生クリームはあまり好みません。出されれば食べますが、すぐにお腹がいっぱいになってしまうのです。バタークリームのケーキがまったく見られなくなり、残念に思います。

いまでも習慣になっているのが、夜寝るときに口の中にあめ玉を入れること。ノドにつまらないように、ほっぺたに入れておくのです。**甘さを味わいながら眠りにつくことの、なんと幸せなことか。**この極上の時間を味わうために生きているといってもいいかもしれません。

朝起きたときに、小さくなったあめ玉がほっぺたにへばりついていることもありますが。

そんなことをして虫歯にならないかって? いい質問ですね。私はとっくの昔に総入れ歯になっています。決して、私のマネなどなさいませんよう。

魔女の極意★

総入れ歯でも、食べ物の味は変わらない

★規則正しい生活なんて、したことない

クリニックをやっているときは、夜中2時ぐらいに眠り、朝は7時に起きていましたが、芝居の稽古が始まったり、原稿の〆切が近くなると、夜中の3時、4時まで眠らないこともありました。

いまは早く起きる必要がなくなったので、明け方の4時くらいまで読書をしたり、原稿や脚本を書いたりしています。起きるのは朝9時か10時くらいです。

若い頃から医者の仕事と芝居をかけ持ちでやっていましたから、年がら年中、睡眠不足だったかもしれません。規則正しい生活をしようと思ったことは、一度たりともありません。

診察の合間に、居眠りしてしまうこともありました。看護師さんも慣れたもので、

患者さんが診察室に入る瞬間に私をつついて、起こしてくれるのです。

長年、こうした生活をしていたせいか、ものの5分も眠ればすっきりします。寝つきがすごくいいのです。

不眠に苦しんでいる方には申し訳ありませんが、すぐに眠れるというのは、ありがたいことです。

いまは時間があるので、2時間ぐらい昼寝をすることもあります。それでも、夜眠れないということはありません。

明け方まで起きているので、昼寝をすることで睡眠時間を補っているのかもしれません。

睡眠といえば、運動。さすがに足腰が弱ると身体も弱ってしまうので、できるだけ歩くようにしています。自宅からクリニックまでは徒歩20分ほどで、月曜日から金曜日まで毎朝、歩いていました。
いまはクリニックがなくなったので、できるだけ外に買い物に行き、ついでに散歩をしています。

劇団の公演をやるとなれば、ずっと立ちっぱなしになります。死ぬまで演劇をやるためにも、足腰は鍛えないといけません。目標があるので、歩くのも苦になりません。

「転ばぬ先の杖《つえ》」ということわざ通り、**外を歩くときは、晴れている日でも傘を杖代わりにして歩きますが、雨が降れば、傘を差せるので便利**です。わざわざ杖を買う必要はありません。あるもので代用すればいいのです。

最近は走る練習もしています。人様から見れば、走るというより早歩きをしているだけに見えるかもしれませんが、私としては走っているつもりです。

なぜ、走る練習をするかといえば、芝居で走る場面があるかもしれないからです。演劇をするためなら何でもやります。それが、私の体力と気力の維持の秘訣《ひけつ》かもしれません。

魔女の極意★

傘は、急な雨にも使えて一石二鳥

★ たばことお酒は付き合い程度にたしなむ

医者の立場からすると、喫煙は勧められませんが、私は2カ月に1回ぐらい吸いたくなります。手術などで疲れたときやストレスがたまったときなどに、無性に吸いたくなることがあるのです。

若い頃はもっと頻繁に吸っていましたが、だんだんと回数が減ってきて、いまはこれくらいの頻度になっています。

2カ月に1回なら、医者の不養生ともいえないのではないかと思っています。

お酒は、20代の頃は少し飲んでいました。医者になりたての頃は、病院で消毒に使うエタノールというアルコールを脱脂綿に浸し、それをチュウチュウ吸っていました。まるで、魔女ならぬ、吸血鬼のようです。

　どうしてそんなことをしていたのか、はっきり覚えていませんが、女性がお酒を買うのが、はばかられる時代だったからかもしれません。いまは女性ひとりで居酒屋やスナックに入るのも珍しくなくなりましたから、いい時代になったと思います。


　日頃、付き合いのある劇団員は、みな、酒豪ぞろい。どんどん飲みますが、私はコップに1センチぐらいでも酔ってしまいます。

　けれども、一度、ひどい目に遭ったことがあります。

　劇団員に冗談が好きな人がいて、みんなでお酒を飲んでいるときに、「これは甘くておいしいですよ」といって、私にグラスを渡してきたのです。

「ジュースかな」と思って飲んだら、確かに甘くておいしい。ガブガブ飲んだら、急に心臓がバクバクしてきて、目がグルグルまわるじゃないですか。もう、起きていられず、倒れるようにして横になりました。

私が青い顔をして「もうダメだ、死ぬ」とうめいたものだから、まわりにいた人たちがびっくりして救急車を呼びました。急性アルコール中毒になってしまったのです。運び込まれた病院で点滴を受けて、なんとか収まりましたが、一時はどうなることかと思いました。

せっかく90過ぎまで生きてきたのに、アルコール中毒で亡くなったなんて、シャレになりません。私に「アルコールじゃないですよ」といってグラスを渡した当人も、驚いて青くなっていました。

喫煙の話をしましたが、私の知り合いに、80歳を過ぎてもたばこを吸っている人がいます。毎年、健康診断をしていますが、肺には影もなく、健康そのもの。

喫煙が肺がんのリスクを高めるのは確かですが、たまに何の問題もなく歳を重ねていく人もいるのです。

もし肺がんになる体質だったら、とっくの昔になっているでしょう。80歳までたばこを吸っていて肺がんにならないのなら、いまさら喫煙をやめることもないと思います。

たとえ、肺がんの疑いがあったとしても、高齢者の場合は進行が早くありません。がん細胞が増殖するのが早いか、寿命が尽きるのが早いか、どちらともいえないのです。

禁煙をしてストレスを感じるよりは、好きなだけたばこを吸って人生を謳歌《おうか》するほうが、よほど健康的です。たしなむ程度の喫煙はストレスもなく、免疫力も上がるのだと私は信じています。

魔女の極意

信じる者は、救われる

第3章

身体の〝異変〟は「やめて」のサイン

★時代に刃向かわず、ストレスを受け流す

私は子どもの頃は病弱で死にかけたりもしましたが、大人になってからは、大きな病気をしたことがありません。医者をやり、演劇をやっていく中で、まったくストレスがなかったわけではありませんが、胃潰瘍《いかいよう》にもなったことがないし、慢性的な体調不良にもなったことがありません。

これはいったい、どういうわけなのでしょう？

思うに、これは私の性分である「なんとかなるさ」という考え方が影響しているのかもしれません。

インターン時代には、男性の先輩医師などに悪口をいわれたり、意地悪をされたりしたこともあります。けれども、**その場その場でストレスを受け流してきました。**

あまり深刻に考えなかったのがよかったのかもしれません。思い詰めてしまったら、ストレスが高じて胃に穴が開いてしまいます。

いまでも日本での女性の地位は高いとはいえませんが、昔は男尊女卑そのものでした。女性を同等には、とらえていなかったのです。それはそれは、悔しい思いをしました。

それでも、時代に刃向かわずに生きてきたのがよかったのかもしれません。内心では歯ぎしりしていても顔には出さず、「そのうち、見てろよ」と思っていたのです。

そうやって医者と芝居の仕事を両立させてきました。2つのことを同時にやっていたのもよかったのかもしれません。どちらか一つだけだったら、行き詰まっていたかもしれませんが、医者と芝居という両輪のおかげで、適度にストレスを解消できたのだと思います。

いわゆる内臓の深刻な病気はしたことがありませんが、便秘症やひょう疽《そ》など命に関わらないような病気はたくさんしています。この章では、そのことについてお話ししましょう。

魔女の極意★

「そのうち、見てろよ」の精神で生きる

★両足の親指が巻き爪になり、もだえ苦しむ

歳を取ってから両足の親指が巻き爪になってしまい、何度もひょう疽になったことがあります。

ひょう疽というのは、指先が炎症を起こして赤く腫れ、ズキズキと痛くなる病気で、細菌性の感染症です。ひどくなると、心臓の鼓動のように痛みがどくんどくんと押し寄せ、がまんできなくなります。

私の場合、巻き爪が皮膚に刺さってばい菌が入り、炎症を起こしてしまうのです。一度、爪を半分まで切って、新しい爪が生えてくるのを待ったことがあります。指先というのは神経が張り巡らされているので、痛いのなんのって。

麻酔の注射を打つこと自体が、我慢できないほどの痛みで、ギャアギャアわめい

てしまいました。

このときは、腫れた親指の膿《うみ》を取ってもらい、痛みがなくなりましたが、新しく生えてきた爪も、結局、巻き爪になってしまいました。いまもひょう疽になりやすく、ときどき痛くなります。


けれども、病院に行くと「手術します」といわれるので、行かずに我慢していいます。あのときの痛みを繰り返すのは、ご免被《こうむ》りたいですから。

いくつになっても、痛みに慣れることはありません。

痛みがひどいときは、抗生物質や痛み止めを飲みます。医者をやっていたおかげで、薬には困らず、助かりました。

いまはクリニックを閉じてしまい、薬も手に入らないので、市販薬を購入するか、病院に行くしかありません。閉院してしまうと、こういうことが起こるのだと、改めて無念に思います。

歳を重ねると、思いもよらぬ身体の変化で不便を被り、痛い思いをすることがあります。
ですが、**ここまで生きてこられたからこそ、痛みも経験できるのだ、と前向きに考えると、不思議と少し痛みがやわらぐ気がします。**つくづく、プラセボ（偽薬）効果は大事だと思います。

魔女の極意

どんな痛みも、生きてこそ

★98歳なのに、血液検査で「異常なし」

転んで頭にたんこぶができ、硬膜下血腫の手術をして以来、手術とは縁がなかった私ですが、98歳になってから白内障の手術をしました。

白内障は、目の水晶体が濁ってしまう病気で、目から入ってくる映像のピントがうまく調整できなくなります。そのため、景色がぼやけたり、まぶしく感じるなどの症状が現れます。

一説によると、白内障になるのは、50歳代で37〜54％、60歳代で66〜83％、70歳代で84〜97％、80歳以上で100％とされています。

つまり、98歳の私は100％なってしまうわけです。

よくいままで手術を受けないでこられたものだと思います。私は耳鼻咽喉科の医者として、副鼻腔炎の患者さんの手術をたくさんこなしてきましたが、いざ、自分が手術を受けるとなると、恐怖心が先に立って決断できなかったのです。

いよいよものが見えなくなって、原稿用紙に字を書くのも一苦労。これじゃあ、原稿も書けないし本も読めないし、まわりもぼやけて霧の中を歩くような感じで、危なっかしい。というわけで、とうとう観念しました。

それでも知らない病院の医師に手術をしてもらうのはこわかったので、知り合いに頼んで、白内障の手術のエキスパートがいる病院を紹介してもらいました。

手術前に全身の検査をするというので、血液検査をしてもらいました。そんな検査をするのは何十年ぶりでしょうか。「何か異常があったらどうしよう」と心配でしたが、結果はまったくの健康体でした。

「どこにも異常はありませんよ」といわれたときには、ちょっと恥ずかしくなりま

した。98歳にもなって何の異常もないなんて、おかしいんじゃないかと思ったくらいです。普通、コレステロールとか、何かしらひっかかるものですが、どの数値も正常だったのです。

健康の「け」の字も気にせず暮らしている私が、健康体とは本当に不思議です。「健康になりたい」と、食べたいものを我慢している人たちには、申し訳ない気持ちになります。

みなさん、ある程度の歳になったら、食べたいものを食べ、好きなことをしましょう。そのほうがストレスなく、長生きできるように思います。

魔女の極意★

健康にこだわらないことに、こだわる

★便秘とこむら返りは漢方で治す

私はよく便秘になります。日頃、お味噌汁にサツマイモを入れたりしていますが、疲れがたまったり、忙しかったり、ストレスがたまったりすると、てきめんにフン詰まりになります。そういう体質なのでしょう。

一般的に処方される便秘薬に、「酸化マグネシウム」がありますが、私は漢方薬に頼っています。**なんとなく便秘っぽい感じがするときは、防風通聖散《ぼうふうつうしょうさん》を飲み、まったく出なくなったら、大黄甘草湯《だいおうかんぞうとう》にします。**

大黄甘草湯は、ダイオウとカンゾウという2種類の生薬からなる漢方薬で、お腹にやさしく作用します。

また、こむら返りになったときも漢方に頼ります。芍薬甘草湯《しゃくやくかんぞうとう》という、シャクヤクとカンゾウの2種類の生薬を合わせたもので、意外にも即効性があります。

漢方が効果を発するのには時間がかかると思われがちですが、芍薬甘草湯はわりとすぐに効きます。

私は半年に数回、足がつりますが、つる日が続くときは2~3日継続して飲むと、こむら返りにはなりません。

漢方と西洋医学の薬は、うまく使い分けるといいですね。それぞれにメリット・デメリットがありますから、それらを補い合えればいいと思います。

魔女の極意

漢方と仲よく付き合う

★急いで食べると胃痛が起きる

私は転んでケガをしたり、便秘になったり、ひょう疽になったりはしますが、なぜかインフルエンザにはかかったことがありません。

耳鼻咽喉科の医者ですから、インフルエンザの患者さんを診ることもありましたが、不思議とうつったことがないのです。もちろん、感染しないようにマスクをしたり、うがいをしたりということはしますが、間近で患者さんを診てもうつらないのは、我ながら不思議な気がします。

不思議といえば、急いで食べたり、硬いものを食べたりすると、食道と胃の間がキュッと閉じて、痛みが生じることがあります。これは、ここ10年くらいのことでしょうか。

医学的には噴門痙攣《ふんもんけいれん》といいます。食道の下の部分が狭くなって、食べ物が通らなくなってしまうのです。症状としては、嘔吐《おうと》や体重の減少などが見られますが、私の場合は、そこまでいかず、しばらくジーッとしていると痛みが収まります。**早食いなどの行儀の悪い食べ方をすると、てきめんに胃が抵抗を示す**のです。これは「こんな食べ方をしたらダメだぞ」と警告してくれているのだと思います。

医学的に見ても、早食いは身体によくありません。子どもの頃、「よく噛《か》んで食べなさい」と親から言われたものですが、唾液と食べ物がよく混じると消化がよくなるからでしょう。

歳を重ねると噛むことにも体力を使いますが、消化する力も以前ほどではなくなるので、ゆっくりと、よく噛んで食べなくては、と自分に言い聞かせています。

魔女の極意★

早食いは胃痛のもと

★サプリメントは絶対に飲まない

雑誌や新聞などで健康に関する記事を見ない日はありません。テレビの健康番組もしかり。その手の番組は視聴率もいいようで、「○○が高血圧にいい」とか、「やせるのに○○がいい」とか、「○○が脂肪を減らす」などと放送されると、全国のスーパーからその食品が消えてしまいます。

私からすると「ちょっと健康を気にしすぎているんじゃないの？」と思います。いくら「○○がいい」といっても、その1種類ばかり摂っていたら、かえって健康に悪いような気がします。むしろ、いろいろな食品をまんべんなく食べるのがいいのです。

そんな私が、これだけは摂らないというものがあります。それは、サプリメントです。

テレビでもサプリメントの宣伝が花盛り。○○医学博士の推薦とか、俳優などの芸能人が「私も飲んでいます」などと、さも効果がありそうに画面から訴えかけてきます。

私は「本当かな?」と疑ってしまいます。サプリメントなど飲まなくても、普段の食事で栄養を摂れば十分だと思うからです。

私が医学生のときですから、いまから70年以上も前のことです。「元気になる」と巷《ちまた》でうわさされていたドリンク剤を分析したことがあります。そうしたら、アルコールが含まれていたのです。

アルコールが入っていたら、一時的にガッと元気になります。「なあんだ、そういうしくみだったのか」と同級生と話したことを覚えています。

そんな経験もあって、サプリメントに対しては疑いの目を持っているのです。サプリメントの中には、成分を濃縮したり、医薬品の成分が含まれているものもあります。「過ぎたるはなお及ばざるがごとし」というように、摂りすぎれば害になることもあります。

高齢になれば、常用薬も多くなり、そうした薬との相互作用で予期せぬ事態になることも考えられます。

私の知り合いにも「健康オタク」で、何種類ものサプリメントを飲んでいた人がいます。ところが、あるとき、がんを発症してしまったのです。しかも、その時点で、身体のあちこちに転移していました。

当時、その人は70歳代でした。歳を取れば、2人にひとりががんになる時代ですから、がんになっても仕方がないのかもしれません。

結局、たくさんサプリメントを飲んだからといって、病気にならない保証はないということです。

加えて、**サプリメントを飲んでいるからと食事がおろそかになれば、そのほうが身体に悪い**ことはいうまでもありません。

サプリメントを飲まなくても、99歳まで生きている私のような人間もいるのですから、あまり効果を過信しないほうがいいと思います。

魔女の極意★

サプリメントは信用しない

★肌の保湿に手を抜くと、しっぺ返しをくらう

私は劇団を主宰する一方、舞台女優として舞台にも立っています。舞台女優だから肌のお手入れも万全なのだろう、と思われるかもしれませんが、50歳くらいまではあまりしていませんでした。

勝手な自己判断なのですが、顔も皮膚呼吸をするのが大事だと思っていたのです。それで、夜、寝る前に洗顔石けんで顔を洗った後、何もつけずに寝ていました。皮膚呼吸ができなくなると、肌が荒れると思い込んでいたのです。

ところが、そうこうしているうちに、顔にしわができてきて「これはちょっと困ったな」と思うようになりました。これまでの「何もしないスキンケア」に疑問を

感じるようになったのです。

私はずっとひとり暮らしで、誰かにスキンケアの方法を聞いたこともないし、自己流でやってきたのですが、さすがに「何もしないのはまずいのではないか」と気づいたというわけです。

若い頃は肌に油分があってハリもあったのですが、歳を取るにつれて皮膚が乾燥してパサパサのシワシワになってしまったのです。それで、**いまはクレンジングクリームでお化粧をぬぐった後、普通の石けんで洗顔し、化粧水をつけてからナイトクリームでマッサージをしています。**

マッサージは、力を入れてグッとこすらないようにしています。軽くクルクルとマッサージした後、ティッシュでぬぐいます。その後は、皮膚を元気にするというたい文句の美容液をつけています。

98歳になってから白内障の手術をしたことはすでに話しましたが、手術後はものがはっきり、くっきりと見えるようになります。濁った水晶体を取り除いて、代わりに人工のレンズを入れるからです。

それまでは鏡の中の自分の顔もぼんやりしていたので、多少のシワはあるけれども、そこそこキレイだと思っていたのです。ところが、手術後の顔を見たら、びっくり。

「こんなにシワシワだったのか!?」

いまさら遅いとは思いますが、お手入れの大切さを思い知りました。

いまは鏡を見る度に「あちゃー」とため息をつきつつ、以前よりも時間をかけて、化粧水と美容液でせっせせっせと保湿する毎日です。

魔女の極意

いくつになっても、保湿は大事

★誰とも会わなくても、お化粧は欠かさない

女優として舞台に立つときは、ドーランを塗り、ど派手な化粧をします。遠くのお客様からも表情がわかるように、アイライナーを黒々と塗り、口紅も濃い色のものを塗りたくります。

そういうお化粧をしていると、普段でもお化粧をしないではいられなくなります。90代も半ばを過ぎて、シワだらけの顔にため息が出るような梅干しばあさんでも、お化粧は欠かせません。

外出するときはもちろん、自宅にいるときでもバッチリお化粧をします。付き人をしてくれている劇団の後輩がいつ来るかわからないし、宅配のお兄さんもひょっこり来たりします。いつ、どんなときでも、素顔は誰にも見せたくないのです。

とはいえ、鏡で顔を見れば、肌はしわくちゃで、パフをたたきつけると、シワの中にファンデーションがめり込む始末。それでもパフを持つ手は止まることなく、肌をパタパタとたたき続けます。ひび割れた壁にペンキを塗りつけるように、シワを隠していくのです。

「少しでもキレイに見せたい」

その一心で鏡の中の自分に顔を近づけ、醜い顔が美しく変貌するようにと、念を込めてパフをたたきます。これこそ、女の業《ごう》というものじゃないかと、半ば呆れながらも、毎日パフに手が伸びるのです。

魔女の極意

素顔を見せないことは、
女の〝たしなみ〟

★浴槽は、年寄りにとっての〝死刑台〟

歳を取ってからは、もっぱらシャワーだけにしています。夏にシャワーは普通でしょうが、私は冬でもシャワー一辺倒です。それはヒートショックがこわいからです。

ヒートショックとは、気温の変化で血圧が急降下し、心臓や血管の疾患が起こることをいいます。

冬場、暖かいリビングから寒い脱衣所に移動し、衣類を脱いで裸になると、寒さに対応するために血管が収縮して血圧が上昇し、冷え切った浴室に入ると、さらに上昇します。

ところが、熱いお湯の入った浴槽に入ると、急に身体が温まるため、今度は血管が緩んで血圧が下がります。それによってヒートショックを引き起こし、最悪の場合は亡くなってしまうのです。

11月から2月までの寒い時期は要注意です。２０２１年の厚生労働省人口動態調査では、65歳以上の高齢者の交通事故死２１５０人に対し、高齢者の家や居住施設の浴槽内での不慮の溺死および溺水が４７５０人と、ヒートショックが原因と思われる死亡者が多くなっています。

とくに高齢者は、ヒートショックのリスクが高くなります。99歳の私などは危険度マックスです。同居人のいない私は、お風呂場で倒れても誰も助けてくれません。自己防衛をするしかないのです。

その秘策が、シャワーです。身体が冷えている状態で湯船に入ったら、血圧が下がって危ない状態になってしまいます。シャワーなら、まだリスクを軽減できると思います。

できるだけ浴室の内と外の温度差を小さくするために、洋服を脱ぐ前に、浴室の中をシャワーで温めておくのも重要です。浴室の壁にお湯をかけると、結構、温まります。

冬でもシャワーですますようになったのは、ここ10年くらいでしょうか。浴槽を空っぽにしておくのは、もったいないので、水を張っておくようにしています。

これは防災対策の一つです。日本は地震など災害が多い国ですから、いざというときのために手立てを講じておくのは大切なことだと思います。

私が30歳ぐらいのときに日照りでダムの水がなくなり、給水車が来たことがあるのです。そのときの記憶が強烈に残っているので、水対策は万全にしておきたいと思っています。

いまは水洗トイレですから、水を流せないと困ります。浴槽に水を張っていると、それだけで安心感があります。「おばあちゃんの知恵」といったところです。

魔女の極意★

ちょっとした油断が、命とりになる

第4章

99歳になっても人生は最高

★結婚しなくても、幸せになれる

私は99歳になる現在まで、伴侶を持たず、ひとりで生きてきました。もちろん、家族や友人、知人、患者さんなど、多くの人との関わりの中で、元気をもらったり、勇気づけられたりしてきました。そういう意味では、決してひとりではありませんでした。

それでも結婚もせず、今日まで来たのは、両親の影響が少なからず、あるかもしれません。

私の両親は事実婚でした。いまの時代なら珍しくもないでしょうが、大正時代に夫婦別姓というのは滅多にないことだと思います。

母は小児科・内科の医者でした。経済的に自立していたこともあり、父に従属するのがイヤだったようです。父もまた、母から従属されたくない、独立してほしいという気持ちが強かったのでしょう。

そんなわけで、私も妹も戸籍上は「庶子《しょし》」でした。父親が認知した子どもという意味になります。両親が婚姻関係にあれば「嫡子《ちゃくし》」と呼ばれ、父親が認知しないと「私生児」という扱いでした。私の名字の「三條」は父方の姓ですが、父が亡くなる前、相続の関係で母は仕方なく父の戸籍に入ったようです。

自分が庶子だと知ったのは、子どもの頃ですが、とてもびっくりしました。「私はもらいっ子なの？」と本気で心配したくらいです。戦後は民法が改正されて、そういった呼称はなくなりました。

そんな両親の下で育ったので、女性が職業を持つことにも違和感なく育ちました。「まずは自立しなくては」というので、母と同じ医師という職業を選んだわけです。これには前述したように、芝居の道を行きたかったからという理由もあります。

役者で食べていくなんて、あり得ないことでしたから。みんな、日雇いの仕事などをやりながら、芝居の稽古をしていたのです。

医者の仕事は大変でしたが、生活できるくらいの収入はありました。そのおかげで、なんとか劇団を維持していくことができました。

話は変わりますが、私は**若い頃も現在も、常に誰かしらに恋をしています**。

好きになるのは、ほとんどが劇団を通して知り合った人です。お金はなくても、誠実な人がタイプです。

教養があって顔がキレイだと、なおうれしいですが、そうではないときもあります。私の場合、一度付き合うとそれなりに長く、一番短いときでも数年は続いたと思います。

一方で、仕事仲間である医者には恋をしないと決めていました。なぜなら医者はお金に余裕のある人が大半で、看護師さんなどよりどりみどりで誘惑も多く、遊んでいる人が多いからです（もちろん真面目な医者もいます）。

「医者に本気になると、最後には裏切られて必ず悲しむ」と自分に言い聞かせていました。

常に恋をしていましたが、「結婚したい」とは思いませんでした。理想が高かったのか、たまたまいい人に出会わなかったのか、それはよくわかりませんが、経済的に自立していたということが、結婚の必要性を感じさせなかったのかもしれません。

人はやりたいこと、夢中になれることがあると、心が満たされ、寂しさも感じなくなるように思います。私は男性とは結婚しませんでしたが、医者と芝居という2つの仕事と結婚したようなものです。

それがずっと続くと思っていましたが、コロナ禍のせいで、片方を失ってしまいました。「人生とは、ままならないものだ」と、99歳になってもつくづく思います。

魔女の極意★

夢中になるもののために、生きる

★好きな人がいなければ、生きる意味がない

私が生きた時代は「女は結婚して家庭を持って初めて一人前」だと思われていました。私の両親は事実婚をした変わり者だったせいもあり、私に「結婚しろ」とはいいませんでした。

それでも世間は「女がひとりでいること」に違和感を持ち、それが続くと「どうして結婚しないのか」とせっつくようになります。

私が入った女学校は、官僚や軍人の子女ばかり。礼儀作法にうるさく、電車の中にも監視役の先生がいて、誰かが少しでも足を開いて座っていると、「なんて、はしたない」と小言をいわれます。

けれども、両親がせっかく受験させてくれた学校ですから、その場を取り繕って過ごしていたのです。

私の同級生は、ほとんどが結婚相手を探すために入学したようなもの。相手は外交官か、いい大学を卒業した男性です。いまでいう婚活パーティのようなものもありました。

高学年になると、宮廷で踊るようなダンスを習うのです。そのお披露目の日は、卒業したお姉様方がきれいなドレスを着てやってきます。会場には、有名大学を出た若い男性とその母親たちがズラーッと並んで、結婚相手の品定めをするのです。

私はそういうのに反発していたので、まったく興味がありませんでした。仮に結婚するにしても、自由恋愛をして結婚したいと思っていましたから。

結婚に興味はありませんでしたが、恋を常にしていることは前述のとおり。誰かを好きになると、気持ちが華やぎ、それだけで幸せな気分になります。

いままでの人生で恋をしていなかった時期は、ほとんどありません。「好きな人がいなければ、生きる意味がない」といってもいいかもしれません。

恋愛がうまくいっていないと、芝居にも影響して、うまく演じられなくなってしまいます。そういうときは、本当に苦しいです。

過去を振り返ると、振ったり、振られたりの繰り返し。好きな人がいない時期は、気持ちも暗くなってしまいますが、運がいいことに、わりとすぐに別の男性が現れるのです。すると、前の恋人のことはコロッと忘れてしまいます。そういうところは、男性より女性のほうが、気持ちの切り替えが早いのかもしれません。

いまはしわくちゃのおばあちゃんですが、若い頃は、おしろいをつけると「なかなか、きれいじゃないの」などと、自分でもいい気になったことがあります。

いまのように、女性から告白することなどできない時代ですから、「どうやったら、相手を振り向かせることができるか」と、あれこれ策を練ったりしていました。そんなわけで、男の人を惑わすのが好きだったように思います。芝居でも、男をだます悪い役が好きで、かつてはよく演じていました。いまはさすがに無理ですが。

人を愛することは、すばらしいことだと思います。好きな人と電話で話をするだけで、気持ちがウキウキします。それは若い男女の恋愛と同じです。**人はいくつになっても、誰かを好きになる気持ちは消えない**のです。

好きな人ができても「こんな年齢で恋をするなんて、みっともない」と躊躇《ちゅうちょ》する人もいますが、それこそナンセンスです。人を愛することは、人間に与えられた最高の贈り物だと思います。それを享受しないのはもったいないと、声を大にしていいたいです。

昔、占い師に「あなたは男性に尽くすタイプですね」といわれたことがあります。認めたくはありませんが、確かに、好きな人には何でもやってあげたいという気持ちがあります。

もし、私が結婚していたら、相手に尽くしすぎて、うまくいかなかったかもしれません。独り身でいて、いつも誰かを想っているのが、私には合っているのでしょう。

魔女の極意

人を好きになることほど、すばらしいことはない

★いくつになっても、正々堂々と生きる

最近はコンビニやスーパーなどのレジが対面式ではなく、セルフレジになっているところが増えてきました。いつも、店員さんにやり方を教わって支払いますが、何度やっても覚えられません。

見ていると、私のようなお年寄りでなくても、機械の前で戸惑っている人がいます。

これでは効率がいいんだか、悪いんだかわかりません。現在の機械化、効率化にはついていけませんが、世の中がそういうふうに変化しているので、文句のいいようもありません。

私は携帯もスマホではなく、ガラケーを使っています。いずれはガラケーが廃止

されると聞いているので、戦々恐々としています。

このように、私はまったくの機械オンチなので、パソコンも自由には操れず、付き人をしてくれている劇団員に原稿を打ち込んでもらっています。不自由といえば、不自由ですが、いまさら覚えようという気にはなれません。

若い人たちは、生まれたときからスマホがあり、パソコンも普通にあるので、何の違和感もなく操作できるようです。私のような90歳過ぎの老人が、そういう人たちと張り合っても勝負は見えています。

むしろ、開き直って「我が道を行く」と決めたほうが、あれこれ悩まずにすみます。高齢者が機械オンチになるのは、世の常。何も恥ずかしいことではありません。

「老い」を否定的にとらえず、「こういう世の中になったのか、すごいなあ」と感心すればいいのです。

知らないことに直面したら、臆せず、わかる人に聞けばいいのです。案外、親切に教えてくれます。私はそういうふうに他人に頼りながら、正々堂々と生きています。

魔女の極意★

わからないことは、臆せず尋ねる

★炊飯器を一度も洗わなくたって、死なない

歳を取ると、人間ができてきて、生活も規則正しく、部屋の中も整然としていると思われるかもしれませんが、私はそうではありません。掃除するのが苦手で、洋服が山のようになっていることもあります。

そうすると、劇団員の付き人が見かねて掃除をしてくれたり、洋服をハンガーにかけてくれたりします。そういう人がいてくれることを「ありがたいなあ」と思って、感謝しています。

細かいことができない人には、それを補ってくれる人が現れるものなのでしょう。

人生とはおもしろいものです。

あるとき、私が炊飯器にお米を入れて、ご飯を炊こうとしたら、たまたま自宅に来ていた付き人が「三條さん、なに、やってるの⁉」と大声を上げました。何事かと思ったら、「炊飯器のお釜、洗わなかったの？　ご飯粒がついているじゃないの」というのです。

そのとき初めて「炊飯器のお釜って、洗わないといけないのか」と知りました。それまで炊飯器のお釜を洗ったことなどなかったのです。

私が実家にいた頃は、母が炊事をしていたので、お米を炊くところを見たことがありませんでした。ひとり暮らしを始めてから台所に立つようになりましたが、独学というか、自己流で家事をこなしていました。

そのため、誰からも「炊飯器のお釜は洗うものだ」と教えてもらったことがなかったのです。**人間の思い込みとはおそろしい**ものです。

それ以来、炊飯器のお釜を洗うようになりましたが、それまで洗わなくても健康に問題はなかったのですから、それはそれでよかったのかもしれません。

そんなふうなので、もしかすると、自己流でヘンなことをしているかもしれませんが、生きていくのに支障がなければ、気にしなくてもいいと思います。何かおかしなことをして指摘されたら、笑ってごまかせばいいのです。

魔女の極意

小さいことは気にしない

★探し物にくたびれ、「壁に留める」ことを思いつく

歳を取ると、「あれはどこにしまったっけ？」「新聞記事を切り抜いたのに、見あたらない」などという物忘れが増えていきます。

探すことにくたびれ、「何かいい方法はないものか」と思案しているときに、パッと思いつきました。それはダイニングテーブルのそばの白い壁を有効活用するというもの。

大切なものを透明なＡ４ファイルやビニールの袋に入れて、画鋲《がびょう》で壁に留めておくのです。

たとえば、新聞の切り抜きや友人からの手紙、銀行の通帳、イベントのチラシ、ちょっとしたメモ書き、などなど。

こうしておけば、絶対になくすことはありません。

原稿や脚本を書いているときに、「参考にしたくて切り抜いた記事があったよなあ？」と思い出すことがあります。

以前なら、積み重なった雑誌や新聞に紛れて、探すのに苦労していましたが、いまでは壁にぶら下がったファイルを見れば、すぐに探すことができます。

整理整頓好きな人は、棚や引き出しの中にきちんと保管しておくのでしょうが、どの引き出しかを忘れることもあります。

とくに、高齢になればなるほど、認知症ではなくても物忘れはします。見える範囲内にあれば、一目瞭然。この方式にしてから、探し物に時間をかけることがなくなりました。我ながら、うまいアイデアを思いついたものだとニンマリしてしまいます。

「物忘れがひどくなった」と嘆く前に、やれることはあります。できないことに目を向けるのではなく、できることに意識を向け、工夫する。それがシニア世代の生きる知恵なのです。

魔女の極意★

ビニール袋と画鋲は、探し物がなくなる魔法の道具

★死後の手続きをすますと、生きる気力がみなぎる

私はいままで、自分の死んだ後のことを考えたことがありませんでした。つまり、世間でいう「終活」というものをやろうとしたことがなかったのです。まったく死ぬ気がしないし、なんやかんやとやることがあり、先のことなど考える時間がなかったからです。

最近、私の知り合いで、子どもたちに「長男のおまえには家と土地をやる」「次男のおまえには預貯金をやろう」などと相続の話をしたとたん、急病で倒れ、亡くなった人がいます。終活をしたことで死を早めたのではないかと疑っています。

そんなこともあって、終活などまだまだ先の話だと思っていたのですが、この本

を書いているうちに「99歳といったら、世間の人は、人生残りわずかな死に損ないと思うのだろうなあ」と考えるようになりました。

私には子どもがいませんから、亡くなった後のことは自分で決めておかないといけません。そんなことを、99年間生きてきて、初めて意識したのです。


たまたま私の元患者さんで、死んだ後の手続きをしてくれる会社の人がいたので、「善は急げ」とばかりに、マンションなどの財産処理や、死んだ後は樹木葬にしてほしいことなどを依頼し、お金も払いました。

これで、ひと安心。あとは、やりたいことをやるだけです。

クリニックを閉めてしまったので、元患者さんから電話相談を受ける以外は、芝居の仕事に力を入れることができます。終活をしたおかげで、死後の後始末の心配がなくなり、ますますやる気に拍車がかかったようです。

終活をすると、やることがなくなり、気持ちが内向きになる人もいるようですが、「あとは死ぬのを待つだけ」という心境になってしまったら、残りの人生が暗いものになりかねません。

むしろ、**「これから第2の人生を楽しめるぞ」と思って、やりたいことに果《か》敢《かん》にチャレンジするべき**です。たとえ失敗したとしても、「やらなければよかった」と悔いることはないと思うのです。

終わりよければ、すべてよし

★孤独で死にそうだった友人が、別人のようになったワケ

私はずっと独身で来ましたが、とくに寂しいとも感じないで過ごしてきました。むしろ、孤独を愛してきたといってもいいでしょう。

ひとりといっても、やることはたくさんあります。炊事、洗濯、掃除をするだけでも時間が経ってしまいます。

それ以外は自分だけの時間として読書をしたり、時代劇を見たり、原稿を書いたりできます。それに、もっとも重要なこととして、劇団の脚本を書くという仕事もあります。

あれやこれやと忙しくしていると、孤独を感じるヒマすらありません。

年下の60代の知り合いに「毎日やることがなくてヒマだ。孤独で死にそうだ」という男性がいたので、「好きなことを見つけるには、努力も必要よ。手当たり次第に、いろいろとやってみたら？」と伝えました。

彼は登山やカラオケ、囲碁や将棋、喫茶店巡りや地域のボランティアなどいろんなことに挑戦し、最終的には保護犬を飼うことになりました。

いまでは「毎日忙しくて時間が足りない」とのたまいます。

どうやって保護犬と出会ったかというと、登山で知り合った人に「もらい手を探している保護犬がいる」といわれ、決断したそうです。初めてのことで飼い方もわからず、ボランティアの人に教えてもらっているうちに知り合いも増え、**「行動を起こしてから人生が変わった」といいます。**

ただじっと待っていても、孤独が解消されることはありません。

くだんの彼は犬の散歩を通して新たな友人もできたようで、以前と比べると別人のような表情をしています。

私の助言をきっかけに行動を起こしたことはすっかり忘れているようで、そこだけ少し癪《しゃく》に障《さわ》りますが。

行動することが大事なのは、若者も高齢者も同じです。身体を動かさないと筋肉がみるみる減っていく高齢者のほうが、より重要ともいえます。

私も他人事《ひとごと》ではなく、今日も老体に鞭《むち》打って、せっせと買い出しに出かける毎日です。

魔女の極意★

年寄りこそ、行動を起こそう！

★100歳で実現したい夢が目前に迫ってきた

99歳になるまでには、両親をはじめ、多くの友人・知人を見送ってきました。私もいずれは亡くなるだろうけれども、まったく死ぬ気配がありません。

ひっくり返って頭をぶつけたり、腰を打ったりすることはあっても、体調が悪いとか、どこかが痛いとかいうことがありません。まだまだ生きられるという気がしています。

友人からは「おっちょこちょいだから、交通事故に遭うとか、転んで頭を打つとか、そういうことで死ぬんじゃない？」といわれています。余計なお世話ではありますが、確かに、そうかもしれません。

自分が死ぬときのことは、まったく想像できませんが、苦しんで死ぬのは、ご免被りたいです。

寝たきりになって周囲の人の世話になるのも、お断り。

楽にぽっくり逝くのが理想でしょうか。よく役者が「舞台の上で死にたい」といいますが、実際にそうなったら、まわりの人に大迷惑をかけてしまうので、それも困ります。

自分がこの世からいなくなると考えると、こわいです。私はあの世とか、天国があると信じてはいません。

ただ単に自分という肉体が、消えてなくなるのだと思っています。この世からいなくなり、何もできなくなるのが本当におそろしい。

年齢からいうと、いつ死んでもおかしくはないのですが、いまから死ぬことを考えてもしょうがないと思っています。**不安が頭をよぎったときは、「次、何をしよ**

うか」と考えるようにしています。

私は１００歳になったら、その記念として、ひとり芝居をやりたいと思っています。もう、脚本はできています。その先のことはわかりません。

きっと、その時点で「次の何か」を見つけているにちがいありません。こうして私は、死ぬまで走り続けていくのでしょう。

魔女の極意★

「次はアレしよう」と
考えながら旅立ちたい

第5章

ストレスは「ええい！」でかわす

★心の内を隠して、その場をやりすごす

私が生きてきた時代は、男女平等とはいいがたく、いまでいうセクハラもやりたい放題、言い放題でした。

病院勤務のときは、お酒の席で必ず、お酌《しゃく》をさせられたものですが、当時は「イヤです」とはいえませんでした。そんなことを口にしたら「女のくせに生意気だ」といわれるだけでなく、病院の中での仕事にも支障が出てしまいます。

当時は「私、芸者さんじゃないから、お酌がうまくできないんです。ごめんなさい」などといって、うまくごまかしていました。というか、実際、私は気が利《き》かなくてボーッとしていることが多く、空いたお猪口《ちょこ》やビールのグラスにお酒を注《つ》ぐということができなかったのです。

そうやって「お酌ができない女性医師」というイメージを作っていたともいえます。一度、そういうイメージができれば、しつこくお酌をせがまれることもなくなります。「こいつはお酌もできないバカだ」と頭をこづかれても、「フフフ」と笑ってごまかしていました。

内心は「ばーか、お酌なんかしてやるものか」と思っていたのです。そういうときは、お酌のできない女性の役を演じるのです。劇団では舞台女優として演技の稽古をしていましたから、お手のものです。なんでもかんでも感情を表に出せばいいわけではありません。

お酒の席では「三條、おまえ、胸が大きいね」なんて、いまならセクハラで訴えられるようなことも平気でいわれていましたが、それも笑って受け流していました。当時は、文句をいうほうがおかしいというような時代でしたから、仕方がありません。

病院でも、女性医師がバリバリ仕事をしていると「生意気だ」といわれてしまいます。実際、そういう女性医師もいましたが、そうすると、仕事がうまく回らなくなるのです。結構、意地悪する男性医師もいましたから。

私はといえば、「ごめんなさい、私、よくわからなくて」などといって、その場をやり過ごしていました。内心はとても悔しかったのですが、「腹を立てたら、こっちの負けだ」と思っていたのです。

役者をやっていましたから、涙もすぐに出せます。「こんなこともできないのか」などと、ひどく叱られたときなどは、「すみません」と涙の一滴でも流せば、「いいよ、いいよ」と許してくれます。心の中で舌を出しながら、「ありがとうございます」なんていうと、打って変わって、手取り足取り教えてくれるのです。

同じ女性からしたら「なんて要領のいいやつだ」と思われていたでしょう。当時の私は、女性の敵だったといえるかもしれません。

けれども、そういう時代だったのです。現在のように、女性の権利が世間で認められるようになっていれば、声を上げることもできますが、当時はセクハラという言葉もなく、文句をいえる雰囲気ではなかったのです。そういう意味では、いまの時代の女性がうらやましくも思います。

人間関係で悩むことが多いという人は、自分を役者だと思って、私のように演技をするのも、世の中をうまく渡っていく一つの方法かもしれません。

そして、ときと場合に応じて、自己主張すればいいのです。ずるいやり方かもしれませんが、ストレスが原因で心を病むよりは、ずっとましだと思います。

魔女の極意

ときに演技で、自分を守る

★「あのやろう！」と叫んでストレス発散

私は劇団を主宰しているので、いろいろな人と関わりを持ちます。一緒に稽古をしているときも、意見が合わなかったり、反発されたり。演劇の世界もまだまだ男性社会ですから、女性を見下すようなことをいわれることもあります。

そういうときはトイレに駆け込み、大きな声でワーッと叫ぶのです。心の中で「こんちくしょう！」と思いながら。そうすると、少しはすっきりします。

トイレのドアを開け、室内にいる相手にも聞こえるぐらいの大声で叫ぶのです。そうすると、私の怒りが少しは伝わります。直接、反論したり、文句をいったりするとカドが立ちますが、この方法だと間接的に相手に伝わるので、少しは反省するようです。

あとは、お盆のときなどに売っている落雁を買ってきて、包装紙に包んだまま、自宅のテーブルの角にぶつけて叩き割るのです。結構、力がいるので、やっているうちにイライラも収まります。

「ええい、あのやろう！」と叫びながらやれば、効果バツグン。すっきりすること、まちがいなしです。気持ちが落ち着いたら、割れた落雁をおいしくいただきます。

落雁がないときは、新聞紙を丸めて机を叩くとか、ちぎって壁めがけて投げるとか、そういう方法のときもあります。お皿を割ったら、もったいないですが、新聞紙ならゴミ箱にポイッと捨てるだけです。

泣くというのも、ストレス発散になります。私は悔しくて泣いたことが何度もあります。その場では我慢しても、ひとりになったときにワンワン泣きます。これは誰にも迷惑をかけないし、泣く行為には気持ちを落ち着かせる効果もあります。

また、私は芝居の中では悪役を演じるのが好きなのですが、悪役というのは結構、汚い言葉を使います。「このやろう」とか、「ばかやろう」とか叫びます。

それは芝居の中でのセリフですが、日常生活ではあまり使えない言葉です。でも、芝居では堂々と叫ぶことができ、案外、ストレス発散になります。

私が思いのほか長生きしているのは、大声を出すことでこまめにストレス発散をして、ストレスをため込まないからかもしれません。

ここからは医者としての意見ですが、ストレスをためずにこまめに発散する習慣をつけることは、とても大切だと思います。

魔女の極意★

大声で叫ぶと、気持ちがすっきりする

★馬と猫で癒やされる

いまはそうでもありませんが、病院に勤めていた頃は、馬が好きでした。競馬が好きなのではなくて、馬そのものが好きだったのです。

病院の先輩だった先生が競馬好きで、たまたまテレビで競馬中継を見たことがきっかけです。それまでは、まったく興味がなかったのですが、走っている競走馬の美しさにうっとり。馬のスマートなフォルムに、すっかり魅せられてしまったのです。

競馬場に行ったのは一度だけ。そのときに、競走馬にも触らせてもらいましたが、筋肉質でがっしりしていたのが印象的でした。馬の美しさの秘密は、この体型にあるのだと納得したのを覚えています。

馬券は数回、試しに買い、ビギナーズラックで2回ほど当たったことがあります。そういう経験をすると、競馬にドハマりする人もいますが、私はギャンブルに興味がなく、ひたすら競走馬を見るのみ。

とくに、お気に入りだったのは、テイタニヤという牝馬《ひんば》。桜花賞とオークスを制するような名馬で、私はその名前に惹かれました。英語読みすると、ティターニアになり、シェイクスピアの戯曲『夏の夜の夢』に登場する妖精の女王の名前です。

私はこの妖精のティターニアが好きで、同じ名前を持つ競走馬を見るために、競馬中継にかじりついていました。

部屋に写真も飾っていましたが、見ているだけで気持ちがやわらぐというか、ストレス解消になっていたように思います。

私は馬だけでなく、動物はなんでも好きです。実家で猫を飼っていたこともあり、大の猫好き。猫が友だちといってもいいくらいで、猫のしなやかさや抱いたときの感触がすごく好きでした。

毛がふわふわしていて、気持ちがいいのです。なでられる猫も気持ちよかったでしょうが、なでている私のほうも心がなごみました。

猫の性格は私に似ていて、わがままで好き勝手に行動します。猫は犬と違って、飼い主に従順というわけではないところも好きでした。

残念ながら、いま、猫は飼っていません。猫を飼いたくて、わざわざマンションを引っ越したのですが、引っ越した後に規約が変わり、ペット禁止になってしまったのです。それはそれは、ショックでした。何のために引っ越したんだかわかりません。

いまは猫のぬいぐるみを買って、部屋のあちこちに置いています。実際に猫を飼うと、エサをやったり、トイレの世話をしたり、いろいろと大変なので、「ぬいぐるみでちょうどいいや」と思っています。

本物の猫が見たくなったら、近所にあるペットショップに行き、かわいい子猫と対面します。見るだけならタダですから。

劇団の稽古場のあるあたりには、地域猫というのでしょうか、近所の猫好きの人たちがめんどうを見ている猫が数匹いて、そういう猫たちに日々、癒やされています。

魔女の極意

定期的に猫に癒やしてもらう

★嫌なことがあった日は、時代劇で溜飲を下げる

ふだんテレビはあまり見ないほうですが、時代劇はときどき見ます。ケーブルテレビに時代劇の専門チャンネルがあるので、いつスイッチを入れても時代劇が見られます。

時代劇のいいところは、勧善懲悪なストーリーだという点です。善人と悪人がはっきりと分かれていて、最後には正義が勝ちます。だから、安心して見ることができるのです。

中には、「だいたいの筋書きが決まっていて、結論もわかっている時代劇はつまらない」という人もいますが、そこがいいところなのです。複雑なストーリーは、頭が疲れてしまいます。

私など、夫婦が別れるとか、親子が離ればなれになるとか、泣かせどころで決まって泣いてしまいます。ティッシュで涙を拭きながら、最後まで見ています。

世の中を見渡せば、ロシアがウクライナに侵攻したり、イスラエルとパレスチナが衝突したりして、心がざわざわしたり、落ち込むようなことばかり。プライベートでも、嫌なことがある日はあります。そういうときこそ、泣いたり、怒ったりしながら、最後はチャンバラで勝つという単純明快な時代劇が見ていて楽なのです。見終わると、**心の中にたまっていた不満や恐怖心から解放され、気持ちが落ち着く**のです。

いまは円安やウクライナ戦争などの影響で物価が上がり、一般庶民の生活は厳しくなる一方です。生きていくのがとてもしんどい。せめて物語の世界だけでも結末がハッピーエンドになってほしい。時代劇を見ている間は、厳しい現実を忘れられます。

時代劇を見る時間は、私にとって非日常感を味わう、貴重なひとときなのです。

魔女の極意★

家の中でも手軽に現実逃避ができる

★好きな本やマンガで気分転換

私は舞台女優もやりますが、脚本家でもありますから、本はよく読みます。脚本を書くときには、その物語の時代背景や人物像、事柄などを調べます。それがわからないと、正確な場面を描写できません。衣装一つとっても、時代によってデザインが変わりますから、確認する必要があります。

そういうときは、むずかしい本を何冊も読まないといけません。仕事として読んでいるので、時間が経つと、頭がボーッとしてきます。

「ちょっと休憩したいな」というとき、甘いものを食べたり、昼寝をしたりもしますが、別の本を読むという、ちょっと変わった方法もやります。頭を休めるための読書ですから、気軽に読めるものを選びます。

たとえば、池波正太郎《いけなみしょうたろう》の時代小説。これは気にいって何度も読んでいます。内容がとてもおもしろく、スイスイ読めてしまいます。頭を使わずにすむので、読むのがすごく楽なのです。

昔から歴史が好きだったので、その延長線上で時代小説にハマったのだと思います。小説の舞台になっている江戸時代には士農工商という身分制度があり、その中で義理人情が絡み合った人間模様が繰り広げられます。それに、とても興味をそそられるのです。

時代小説のほかに、頭の休息になるのがマンガです。「マンガなんて読むんですか？」と、驚かれることがありますが、99歳でもマンガは楽しめます。しかも、ハードボイルドなトウォーミングな内容ではなく、『北斗の拳』や『ゴルゴ13』といったハードボイルドやアクションものが好みです。

どちらも、男性向けのマンガですが、**こういう闘争心をかき立てられるようなマンガを読むと、なぜかやる気が出てくる**のです。

マンガは子どもの読むもの、と思っている人もいるかもしれませんが、そんなことはありません。大人でも意外とハマります。

魔女の極意★

マンガは
超後期高齢者でも楽しめる

★ フラッとひとりで出かける小旅行が好き

旅行が大好きで、よくひとりで出かけていました。旅行といっても、遠くに行くわけではありません。関東平野がメインです。関東平野は自分が生まれたところでもあるし、平たい土地が好きなのです。

よく足を向けたのは、茨城県の水海道《みつかいどう》です。いまの常総市《じょうそうし》にあたります。有名な観光地というわけではなく、普通の街なのですが、そういうところをぶらぶら歩いていると、気持ちが晴れやかになってくるのです。

観光地には人がわさわさいて、似たようなお土産屋《みやげや》さんがいくつもあって落ち着きません。私はどこにでもあるような住宅街が好きで、人々の生活感が漂っている場所に惹かれます。

私の旅行のモットーは、「自由気まま」です。宿泊先も決めずに、ローカル線に乗って気が向いたところで下車します。車窓の風景を見ながら「ここ、よさそうだな」と思った瞬間が、降りるとき。フーテンの寅《とら》さんのようなひとり旅です。

いまでも覚えているのが、いつものようにローカル線に乗っていたときのこと。車窓から古そうな旅館が見えたのです。直感で「よさそう」と思い、次の駅で慌てて降りました。

その旅館で食べたお芋の煮っ転がしがすごくおいしくて、いまでも味を覚えています。観光地の一流旅館などは、出てくる料理が決まっています。お刺身に天ぷら、鍋などですが、味は似たり寄ったりです。

それに比べて、**昔ながらの旅館で出される料理は、豪華ではありませんが、なんともいえない味わいがあります。**普通の家庭料理なのですが、地場野菜などを使った珍しい料理が出てきたりします。そういう意外性も楽しみの一つです。

いまでこそ女性のひとり旅は珍しくありませんが、私が40代、50代の頃はそんな女性は滅多におらず、思わぬ苦労をしました。

宿泊先も決めずに駅を降りますから、まずは駅の窓口か、駅前の交番で「旅館はありませんか？」と尋ねます。すると、必ず、「ひとり？　旅行？」と何度も念を押されるのです。

当時、女性のひとり旅は自殺志願者じゃないかと疑われることが多かったので、無理もありません。私が「ひとり旅です。何か問題がありますか？」というと、ようやく納得して旅館を紹介してくれるのです。

案内された旅館のほうも、駅長さんや交番のおまわりさんの紹介となれば、安心して泊めてくれます。こうして一件落着。荷物を置いて、近所をぶらりと散策します。熱海などの有名な観光地と違って人も少なく、見知らぬ街を歩くのもいいものです。

ひとりではなく、何人かと一緒に旅行するときは、伊豆や箱根などの観光地に行きます。事前に旅館も予約し、温泉につかります。仲間が一緒なので、それはそれで楽しめます。

ただ、ひとり旅は誰に気兼ねすることもないので、気分転換にはうってつけです。

旅行が好きなら、海外にもよく行ったんじゃないかと思われがちですが、私には絶対に行けない理由があります。極度の高所恐怖症で、飛行機に乗れないのです。なんと悲しいことでしょう。

人生で一度だけ、学会に出席するために、松江行きの飛行機に乗ったことがあります。そのときは、とても生きた心地がしませんでした。窓の外を見ると、雲が浮かんでいて、イヤでも空の上にいることがわかります。

それがこわくて、こわくて。同僚に頼んで、翼の上の席と代わってもらいました。

そうすれば、窓からは飛行機の翼しか見えませんから。それでも、飛行機が飛んでいる間は、苦行そのものでした。

「飛行機さえ乗れたら、学会で外国に行けたのに」と悔しくなります。

やはり、私は地に足がついた鉄道で移動するほうが安心。魔女は魔女でも、空を飛べない魔女のようです。

魔女の極意

魔女にも、弱みはある

第6章

ただただ、好きなことをやっているだけ

★医者と芝居の二足のわらじを履いたわけ

私が芝居に目覚めたのは6歳のときです。父が芝居好きで、よく私を連れて劇場に行っていたのです。

その日、見に行ったのはマキシム・ゴーリキーの『どん底』でした。ストーリーはよくわからなかったのですが、そこに登場する悪女のワシリーサに目が釘付けになったのです。彼女が窓からワハハハーッと笑う姿は、子ども心にも格好いいと思いました。

悪女だろうがなんだろうが、そんなの関係ありません。家に帰ってからも「芝居をやりたーい。ワシリーサをやりたーい」と言い続けていました。興奮しすぎて熱が出るほどでした。

そんな私の様子を見た母が「子どもにそんなものを見せて」と父に食ってかかったのを覚えています。父はさすがにシュンとしていました。

それ以来、私の胸の中には「芝居をやるんだ」という思いが満ちあふれました。とはいえ、どうやったら芝居ができるのか、皆目見当がつきません。

小学校を卒業後、受験して入学した学校は、良妻賢母を育成するような女学校。「芝居なんて不良のすること」という雰囲気で、演劇の「え」の字も口にすることはできませんでした。

唯一の例外は、英語の先生が英語劇をやらせてくれたことです。それも、こっそりと。体育の先生に見つかると、下品だと叱られてしまいます。それくらい演劇は毛嫌いされていたのです。一緒に演じていた生徒たちは、英語を使う演劇だからやっていただけで、芝居が好きという人はいませんでした。

それでも私の演劇熱は冷めることなく続きました。小さな火が心の中で燃え続けていたのです。女学校を卒業するとき、進路をどうするか悩みました。両親は口では「自由にしなさい」といいながら、その実、医者になってほしかったのです。とくに、医者だった母の期待は大きく、とても「役者になりたい」とはいえませんでした。

それに、当時もいまも、役者になるということは、貧乏生活を余儀なくされることを意味します。世間を知らない私が、気軽に飛び込めるような世界ではありませんでした。

そこで考えついたのは「とりあえず、医者になってお金を稼げるようになったら、役者をめざそう」というものでした。とはいえ、理数系の頭ではないので、「医科大学を受験して落ちたら両親も諦めるだろう」と、淡い期待を持っていました。

ところが、合格ラインギリギリで受かってしまったのです。念のため、文系の大学も受けていたのですが、こちらも合格していました。とくに英語の成績がよく、大学から「ぜひいらっしゃい」という手紙までもらったほどです。

大いに悩みましたが、両親の期待を裏切りたくなかったのと、医者になれば自分でお金を稼ぎ、自立できるとの思いもあり、後ろ髪を引かれる思いで東京女子医大に入学したのです。

入学後は苦手な物理や化学、数学があり、四苦八苦。それでも基礎が終わって人体についての授業が始まると、俄然《がぜん》、おもしろくなりました。

医者というのは肉体の面から人間を理解しますが、芝居は精神と社会の面から人間を探究していきます。

どちらにも共通点があることがわかり、医者と芝居の二足のわらじを履いても大丈夫だなと思いました。

そうやって、初志貫徹。晴れて医者になったのでした。

98歳まで週5で働いていましたが、金食い虫の劇団を主宰しているので、生活はいつもギリギリの綱渡り状態。

でも私は、**人の一生は「どれだけ金銭的に豊かだったか」ではなく、「いかに好きなことに夢中になったか」で決まる**と思っているので、後悔は1ミリもしていません。

だからといって〝毎日がバラ色〟とまではいえず、七転び八起きの日々なのですが、それを含めて人生だと思って、楽しむようにしています。

魔女の極意★

人間しょせん、好きなことしか続かない

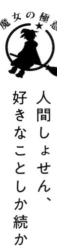

★診療の場でも役を演じる

クリニックにはいろいろな患者さんが来ます。私は役者をやっているので、患者さんに合わせて対応を変えることもあります。

あるとき、いかにもチンピラ風情の若いお兄ちゃんが来ました。椅子に座ってもらい、鼻の穴に器具を入れたら、いきなり「いてえ！　いてえ！　いてえ！」と叫ぶのです。

「なにを大げさな」と思いました。小さな子どもを別にすれば、他の患者さんで痛がる人など皆無です。

無視して診察していると、また叫びます。

「いてぇんだよ！　気をつけろよ！」

気をつけるもなにも、器具を入れなければ診察などできません。見るからに虚勢を張っているのがバレバレだったので、こっちも言い返しました。

「うるせぇ！　わがまま、いうんじゃねえ！」

そうしたら、いきなりシュンとなりました。内心、してやったり。根は気弱な青年なのでしょう。そういう輩《やから》には、思い切ってバシッといったほうがいいのです。

それからはスムーズに診察ができました。


もちろん、年配の患者さんには、ていねいに対応します。お上品な奥様やおじさまが来たときには、「お鼻がお痛みになりますか？」「お薬、お召し上がりになりますか？」などと問診します。こういう貴族みたいな話し方は、女学校で覚えました。

私は平民の子として生まれましたが、住んでいたところが山の手で、入学したのがお嬢様学校だったのです。

同級生はみな、貴族や政治家、官僚の息女でした。我が家では、両親も妹も江戸っ子言葉で話していましたが、学校ではさすがに浮いてしまいます。

「郷に入《い》っては郷に従え」の言葉どおり、学校では猫をかぶって過ごしました。なにしろ、「私」は「わたくし」、父親を「おもうさま」、母親を「おたあさま」と呼ぶような世界です。

宮様に接見するときのお茶の出し方も習いました。行儀見習いの指導が徹底している学校だったのです。

そのおかげで、芝居で貴族の役をやるときも、言葉遣いに不自由することはありません。**子どもの頃の堅苦《かたくる》しい経験が、大人になってから役立つとは思いませんでした。**何でも経験しておくものですね。

魔女の極意★

「演じること」を覚えると、苦難を乗り越えやすい

★女の医者を嫌う患者もいる

患者さんとの対応で、腹が立ったことがあります。

年配の患者さんに多いのですが、私の顔を見た瞬間、「女の先生はヘタだからダメだ、男の先生じゃないと」という人がいるのです。なんと失礼な言いぐさでしょう。

しかも、男性の患者さんではなく、女性の患者さんに多いのです。無意識のうちに「男のほうが女よりも優秀だ」と思っているのでしょう。

私は男性も女性も、能力に差はないと思っているので、そういう患者さんに出会うとがっかりします。

実際に診察した後で、「治療がヘタだった」「治らなかった」というならまだしも、治療をする前に「ヘタだ」と決めつけるのは、いかがなものでしょう。

それでも、そういう人がいるのは事実。それはそれとして受け止めるしかありません。怒っても仕方がないことです。


その一方で、私のことを慕って来院してくれる患者さんも大勢いました。もう、何十年も診察しているので、友だちのような関係です。そういう患者さんと話をするのはとても楽しく、ついつい世間話に発展することもあります。

「医は仁術《じんじゅつ》」という言葉があります。**患者さんの症状だけでなく、家族関係などを把握することが、回り回って症状の改善につながることもある**のです。

また、そのとき気にかかっていることを、世間話をするように私に話すことで、患者さんのストレスが解消されることもあります。患者さんの話を傾聴することも、医者の務めだと思っています。

私は患者さんと本音で話したいと思っています。それは患者さんだけでなく、友人や知人、劇団の仲間との関係でもいえることです。こちらが誠意を持って接すれば、相手も必ず心を開いてくれるのです。

魔女の極意★

怒っても仕方のないことには、怒らない

★お姑さんのご機嫌を取るのも医者の務め

ある日、小学校1年生くらいのお子さんが母親に連れられて受診しました。聞けば、自分で耳をひっかいて、耳の下が腫れてしまったといいます。診察すると、膿がたまり、耳の下がプクッとふくらんでいます。「これは切るしかないな」と思い、母親に伝えると「それはちょっと……」と困りはてていました。よくよく話を聞くと、お姑《しゅうとめ》さんが「百草丸《ひゃくそうがん》を飲ませているから大丈夫。医者なんて行かなくてもいい。これで治る」といって、なかなか病院に行かせてくれなかったそうです。耳の下の腫れを心配した母親がお姑さんの目を盗んで、やっとの思いで連れてきたというわけです。

お姑さんが飲ませていた百草丸というのは、縄文時代の遺跡からも発掘されているキハダ（オウバク）という生薬を主成分にした薬のことで、胃腸の働きをよくします。つまり、胃腸薬のことです。

これをいくら飲んでも、炎症を伴う外耳炎に効果があるはずがありません。母親には「切って膿を出せば、すぐに治りますよ」と説明し、患部にメスを入れました。膿がダラーッと出てきて、それをぬぐうと、痛みがとれたのか、泣きやみました。そのうち顔の腫れも引いてきます。母親も安心したようで、笑顔を見せるようになりました。

これで一件落着と思いきや、それだけではすみませんでした。お姑さんが、怒り心頭で電話をかけてきたのです。

「孫の顔にメスを入れるなんて、なんてことをするんですか！」

興奮気味に話すお姑さんに、私は穏やかにこう伝えました。

「お姑さんが百草丸を飲ませてあげたから、膿もきれいに取れたんですよ」

すると、納得したかのように「そうだったんですか。お世話になりました」といって電話を切りました。

「嘘も方便」といいますが、お嫁さんが責められないようにするのも、医者の務めです。**バカ正直に対応するだけが能じゃない**ということですね。

「嘘も方便」をフル活用

★人生は〝想定外の出来事〟の連続

最近、病院に行くと「患者様」という呼称がやたらと目につきます。昔は医者のほうがいばっていて「患者は、医者のいうことを聞いていればいいんだ」と高飛車な態度を取っていました。

いまでも、そういう医者はいるでしょうが、近年は病院経営がむずかしくなって、患者さんをお客様扱いしなくてはいけなくなったのでしょう。

世間がそうなら、町医者の私も右にならえしようかと、ある日、「患者様、今日はどうなさいましたか？」と、ていねいな言葉で聞くと、「先生、なにいっているんですか。おちょくるのもたいがいにしてくださいよ」といわれてしまいました。

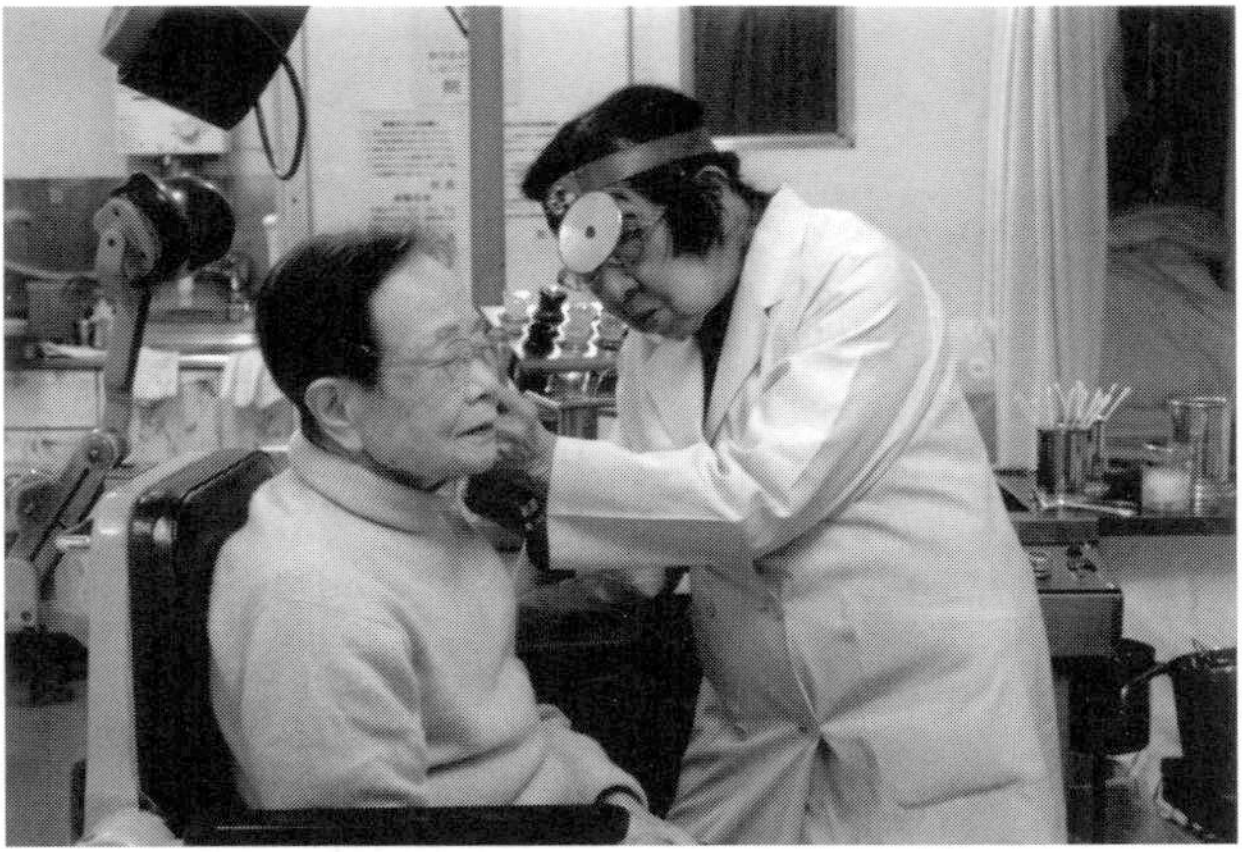

こう見えても、患者を診るときは真剣そのもの。　©松本佳子
診察が終わったら雑談を楽しむ。

私は、患者さんとは友達か親戚のような付き合いをしてきました。大病院のように「私、お金を払う人」「私、患者様を診る人」と割りきった関係にはなれません。**一緒に病気に立ち向かう、同志みたいなもの**です。どうも「患者様」という言い方は、町医者にはそぐわないようです。

ある日、ノドの奥の扁桃腺が腫れたという患者さんが来ました。奥を診ると、膿がたまっているのがわかります。

「これはチョンと切れば、すぐに治りますよ」

そういってメスを入れたとたん、膿が勢いよくピュッと飛び、なんと、私の目の中に入ってしまったのです。「ひゃあ」と大声を上げて大騒ぎ。患者さんは口を開けたまま、呆然としています。

すぐさま、水道の水を流しっぱなしにして目を近づけました。パチパチ洗うこと、数分。ようやく落ち着きを取り戻しましたが、長い耳鼻咽喉科医の経験の中でもこんなことは初めてでした。もちろん患者さんは心配している様子なので、笑顔で「たまにあるんですよ」といいつつ、動揺をかくしました。

長く生きていると、こんなコントのような出来事にも遭遇します。だから人生はおもしろいのです。

魔女の極意★

ときに動揺するほうが、人間らしく見える

★火災警報器に助けられる日々

私は料理をしているときでも、台所を離れてリビングのテーブルで仕事をすることがあります。原稿を書いたり、脚本を書いたり、いろいろやります。そうすると、ガス台にお鍋をのせていることをすっかり忘れてしまうのです。

いまのガス台は便利になっていて、鍋が焦げ付いていてけむりが出ると、警報音がキャンキャンキャンキャンと鳴って知らせてくれます。

そういうことを何回もしでかしました。焦って台所に走っても、あとの祭り。すでにお鍋は焦げ付き、洗っても落ちません。お鍋をいったい何個ダメにしたことでしょう。10個はくだらないと思います。

あるとき、いきなり「火事です、火事です」と、人工的な声で火災警報器が叫んだことがあります。いったいどうしたのかと、ものすごく焦りました。ふだんはキャンキャンキャンキャンと鳴るだけなのに、そのときにかぎって「火事です、火事です、火事です」とエンドレスで叫び続けるのです。いつの間にか、設定が更新されていたのでしょうか。機械オンチの私には理解できないことです。

「そうだ、ガス台にお鍋をのせていた」と思い出し、慌てて台所に行きました。すぐに火を止めましたが、それでも「火事です、火事です」とわめき続けているのです。何がなんだかわからず、壁についているボタンを手当たり次第、押しまくりました。

いまでも、どうやって音声を切ったのかわかりません。ようやく静けさを取り戻しましたが、お鍋は真っ黒で、何を煮ていたのかもわからないほどでした。

こういう失態を演じると「台所で火を使っているときは、そばにいなくちゃいけない」と反省するのですが、しばらくすると、すっかり忘れてリビングのテーブルで仕事をしてしまいます。

火災警報器のない時代だったら、火事になっていたところです。現代は安全装置が完備されていて、本当に助かります。

二度とそういうことのないようにしたいのですが、「喉元過ぎれば熱さを忘れる」で、またやってしまうかもしれません。まさに、火災警報器に助けられている人生です。

魔女の極意★

うっかりミスはあっても、
繰り返さないようにする

★芝居のためなら、ダイエットもなんのその

私が50代の頃は、わりと太っていて、芝居の衣装が入らないことがよくありました。舞台女優は見た目も重視されますから、「太ったから、衣装のサイズを大きくしよう」というわけにはいきません。なんとしても痩せなければならなかったのです。公演の日は決まっていますから、その日までには痩せる必要があります。

世の中にダイエットの仕方はごまんとありますが、私のダイエット方法はたった一つ。1カ月間、同じ果物だけ食べ続けるというもの。普通の食事は一切しません。

たとえば、バナナを1日に1本だけ食べるのです。友人などに話すと「えーっ、うそでしょ!?」と驚かれますが、この方法でダイエットに失敗することはありませ

ん。「お腹が空かないの？」と聞かれますが、もちろん、空きます。空きすぎて、夢にまで食べ物が出てきます。それはもう、苦しいのなんのって。

舞台女優じゃなければ、こんな無謀なダイエットはしません。好きな芝居のためだから、苦しくてもできるのです。人間は本当に好きなことのためなら、何でもできるようです。

バナナのほかには、オレンジ・ダイエットもしました。これも1日に1個だけオレンジを食べるのです。1カ月もすると、5～6キロは痩せられま

2022年4月に紀伊國屋ホールで行われた舞台では、外国人を演じた。数日前から食事量を少し減らし、ウエストを絞ったドレスを身にまとう。

す。衣装もばっちり着られます。

ダイエットをするとき「果物だけ」にする理由は、手軽だからです。「野菜だけダイエット」のほうが身体にはいいかもしれませんが、野菜を切ったり煮込んだりしているうちに、どんどん種類や量が増えてしまうおそれがあります。もったいないからと全部食べてしまったら、ダイエットにはなりません。

手っ取り早く痩せるには食べる量を減らすに限るので、バナナ1本、オレンジ1個という果物ダイエットが最も適しているというわけです。


よく「身体に悪いんじゃないの?」といわれますが、貧血になって倒れるとか、めまいや立ちくらみがするとか、そういうことはまったくありません。舞台で大きな声を出したり、走ったりしても平気なのです。

ただし、千秋楽を迎えると、もう我慢できなくなります。幕が閉じたとたん、食堂に飛び込んで、ハンバーグとお汁粉を注文します。もう、一気食いです。

お汁粉は毎晩のように夢に出てくるほど、恋い焦がれているもの。味がわからないほどの勢いで食べてしまいます。
医者の立場からすれば、こんなダイエットはおすすめできませんが、自分の身体だからできるのです。

人間、食べなければ、絶対に痩せます。ただ、私のような極端な食事制限はダメです。**身体によくないし、いっとき痩せても、すぐに元に戻ります。**
決して、私のようなムチャなダイエットは真似しませんよう。

魔女の極意★

99歳のいまも、
ダイエットをすることも

第7章

戦争だけは、あの世にいっても反対する

★戦争体験だけは忘れられない

いま、世界中で争いごとが頻発しています。まさかロシアがウクライナに攻め入ったり、イスラム組織ハマスとイスラエルによる攻撃の応酬が起きるとは思いもしませんでした。それに伴い、日本でも軍備拡大が当たり前のように叫ばれています。

日本が第二次世界大戦で負けてから、およそ80年になります。実際の戦争を知っているのはごくわずかで、私のように長生きしている人間くらいのものです。

体験者の私からすれば、戦争は絶対反対です。人殺しは殺人罪に問われますが、戦争では人を殺すのが合法です。**人をたくさん殺したほうが喜ばれるなんて、とんでもないこと**だと思います。

日本で戦争が始まったのは、私が女学校の2、3年生ぐらいのときだったと思います。戦争が始まったといっても、戦場になっていたのは中国大陸や南方の国々だったので、最初の頃はピンときていませんでした。

そのうち、食べるものが少なくなり、配給制になりました。配給といっても、たくさん配られるわけではありません。戦争が激化すると、最後にはサツマイモの葉っぱだけになりました。サツマイモはアルコールの材料になるというので、貴重品だったのです。

私の両親は農家の出身だったので、庭にカボチャを植えて食べたりしました。やがて配給だけでは食べていけなくなっていたのです。

戦争末期になると、日本本土への空襲も増え、安全なところに避難させる疎開が始まりました。私は、女学校を卒業して東京女子医大で医学を学んでいましたが、学生全員で山梨県に疎開したことがあります。疎開先も食料が豊富にあるわけではありません。ひもじくて、どこかの家の庭に植えてあったザクロをもいで食べたりしました。いま思えば、泥棒ですが、当時はそんなことはいっていられませんでした。

疎開している間は、医学生としてやるべきことがありました。その頃、山梨県には日本住血吸虫《じゅうけつきゅうちゅう》という寄生虫による感染症が流行していたため、私たち予科《よか》（本科に進む前の予備教育課程）の学生は、子どもたちの検便をして感染していないか調べていたのです。

この寄生虫が体内に入ると腹痛を起こし、重症になると肝硬変を引き起こして、亡くなることもあります。撲滅するのに時間がかかり、山梨県で終息宣言が出されたのは、1996年のことでした。

ところで、戦時中の有名な食べ物といえば、すいとんです。すいとんにサツマイモの葉っぱを入れて、煮て食べました。「おいしいか、まずいか」と聞かれたら、

「まずい」と答えるでしょう。でも当時は、お腹に入るものがあれば、何でも食べていたのです。

そんな時代を経験している身からすると、いまの時代は本当に幸せだと思います。食べるものに困ることはありませんから。

この状態がいつまでも続いてほしいと思いますが、世の中はどんどんキナ臭い方向に向かっています。戦争だけは早く終わってほしいと切に願います。

戦争のことは、語り続けたい

★戦争中に見た恐ろしい現実

1945年3月10日、米軍機が襲来し、東京の下町を中心に爆撃しました。世にいう東京大空襲です。

アメリカは日本がなかなか降参しないので、業を煮やして住民を巻き添えにする無差別攻撃を行ったといわれています。下町が狙われたのは、川に囲まれて逃げられないうえ、木と紙の家で燃えやすいという認識があったからでしょう。

私は山の手のほうに自宅があったので、直接の被害には遭いませんでしたが、その夜、下町のほうを見ると、空が真っ赤に燃えていました。焼夷弾《しょういだん》をどんどん下町に落としたのです。

当時はコンクリートの建物が少なく、ほとんどが木と紙の家ばかり。あっという間に燃え広がりました。

それはそれは、恐ろしい光景でした。当時、私の友人が浅草の田原町に住んでいたので、もう心配で、心配で。翌朝、１人で浅草をめざしました。

地下鉄が走っていたので、それに乗ろうとしたら、髪や顔がすすだらけで、衣服にも焼け焦げがあるような人たちが降りてきます。下町から逃げてきた人たちでした。

「これじゃあ、友人の家も、もうダメかもしれない」

そう思いながら、浅草に駆けつけました。地下鉄の外に出たら、一面、焼け野原です。何もかもが焼けてしまっていました。友人の家は跡形もなくなっていたのです。

友人を探し回っているとき、マネキンが何体も転がっていました。「この辺にマネキン工場があったっけ？」などと能天気なことを考えていたら、それは火の熱で亡くなった死体でした。それが道をふさぎ、またいで歩かなければならないほどだったのです。

洋服も、髪の毛や眉毛も全部焼け、蒸し焼き状態になったからか皮膚の色も薄赤く変色しています。みな、お地蔵さんのようなツルッとした顔をしていました。こわいというより、「戦争って、こういうものなんだ」と、改めて戦争の悲惨さを痛感したのです。とても現実の世界とは思えませんでした。

「どこかに避難しているんじゃないか？」

友人の姿を求めて、下町をふるえながら歩きました。涙が止めどなく流れてきます。「戦争って、なんて残酷なんだ」と思いながら。

幸い、友人は無事でしたが、まわりは火の海で逃げるのが大変だったそうです。隅田川が死体で埋まっていたと聞きました。言問橋《こといばし》を渡って逃げようとした人たちの荷物に火がついて、逃げ遅れたのだそうです。

東京大空襲では、約10万人が亡くなったといわれています。**戦争を始めるのは、政治家や軍人ですが、犠牲となるのは普通の庶民なのです。**ウクライナ戦争やガザ地区のパレスチナ人の様子をテレビで見ていると、下町で見た光景が思い出されます。

軍備を拡大するより、戦争を終わらせるための話し合いを一刻も早くしてほしいものだと思います。

魔女の極意★

戦争の犠牲者は、庶民

★戦争中は毎日「爆弾が落ちてこないように」と祈っていた

1945年8月15日。天皇の声がラジオから流れてきました。玉音放送です。なんだか意味がよくわかりませんでしたが、父が「戦争が終わった」とつぶやいたのを覚えています。

「もう、家が焼けたりしないの？」

そう聞くと、母が「みんな、よく生きていたね」と私と妹をギュッと抱きしめました。それから、灯火管制《とうかかんせい》で、家中の電灯にかぶせていた黒い布を取ってまわりました。窓の目張りの黒い布も全部、取りはずします。

いまの人に「灯火管制」といってもわからないと思いますが、戦時中は敵の空襲の目印にならないように電灯を黒い布で覆う決まりになっていました。光が外にもれないようにしていたわけです。

黒い布をはずすと家の中が一気に明るくなり、本当に戦争が終わったのだと実感しました。と同時に、庭に掘った防空壕《ぼうくうごう》のなかで「ここに焼夷弾を落としませんように」と祈らなくてもいいんだと、ホッとしたのでした。

当時、我が家には1匹の飼い猫がいました。名前を「クリ」といいます。真っ白な猫で、戦争中は黒い服を着せていました。身体が白いと、アメリカの戦闘機に見つかって機銃掃射《きじゅうそうしゃ》されてしまうという理由で、白い犬や猫は飼ってはいけないといわれていたのです。

きゅうくつな服を脱がせてもらったクリは、うれしそうに身体中をなめていました。

人間も食べるのに困っていた戦争中に、動物を飼うなど、ぜいたくだと思われていたのです。いまのようなペットという感覚はなく、家族同然に扱う飼い主は少数派でした。まして白い猫を飼っているなんて、非国民もいいところだったのです。

終戦の日、よく覚えているのが、同居していた祖母が「おいしいものを飲ませてあげよう」といって、押し入れの行李《こうり》（衣類を保管する入れ物）を取り出したことです。洋服の下にはブリキの箱がしまってあり、中には白砂糖が入っていました。とても貴重なもので、戦争中はほとんど見ることがなかったものです。

甘いものに飢えていた私と妹は、目を輝かせました。そして、祖母が作ってくれた砂糖水をゴクリ。そのおいしかったこと！　**五臓六腑《ごぞうろっぷ》に染み渡るとは、こういうことをいうのだと思いました。**

その日の夕食は、あいかわらず、サツマイモの葉っぱを入れたすいとんでしたが、明るい電灯の下で食べる食事は格別でした。

魔女の極意★

**戦争中は、誰もが限界を超えて
ガマンしている**

★演劇で原爆の悲惨さを表現する

コロナ禍が収まったら最初に上演しようと思っていたのが、『核、ゲンバクって？』という演目です。タイトルのとおり、原爆を取り上げた詩劇になります。

そして、それは実現しました。2023年の2月に大久保駅近くにある「虹企画ミニミニシアター」で公演を行ったのです。この脚本を書くのに約1カ月かかりました。

芝居の冒頭、ノーベル物理学賞を受賞した湯川秀樹が1948年に出版した『原子と人間』から、表題作の詩文を読み上げました。その内容は、人類が生まれる前から原子が存在し、その後の科学の発展により原子爆弾が誕生したというものです。

科学の発展は、人類を幸福にも導きますが、悪魔の技術を生み出すこともあります。純粋な向学心から研究したことが、人類を破滅させかねない原爆を作り出してしまったのです。

湯川博士は、物理学者のアインシュタインなどと一緒に、1955年に「ラッセル・アインシュタイン宣言」を発表しています。この宣言では、核兵器の廃絶を訴え、世界中で起こっている紛争を平和的に解決するよう求めています。

舞台上では、峠三吉《とうげさんきち》や三好達治《みよしたつじ》などの詩のほか、広島でかろうじて生き残った老若男女の言葉の数々を読み上げながら、被爆者一人ひとりの思いを芝居にして表現しました。

今回の芝居にストーリーはありませんが、役者たちの心の底からの憤りや悲しみを表現した詩劇は、観客の方々の心にも深く突き刺さったのではないかと思います。

私がこの芝居を思いついたのは、コロナ禍が始まった2020年初頭のことです。

当時、世界中に新型コロナウイルスが蔓延し、地球全体が暗い闇に覆われていました。いまでも完全には撲滅されてはいません。

このとき、イヤな予感がしました。もっと大変なことが起こるのではないかと。そして、それはロシアがウクライナに侵攻するという最悪な形で出現したのです。ロシアのプーチン大統領は「原爆を落とすこともいとわない」といい、その破壊力や悲惨さを一顧《いっこ》だにしていません。

旧ソ連では1986年にチェルノブイリ原発事故が起こり、多くの市民が被爆し、その影響はいまも続いています。にもかかわらず、原爆投下をほのめかすプーチン大統領には落胆と絶望しか感じません。

私はなんとか、この状況を演劇にしたいと思いました。そして、脚本を書き、演出をし、公演の日を迎えたのです。この芝居には、私も舞台女優として参加しました。総合演劇雑誌『テアトロ』の劇評には「三條三輪の圧倒的な存在感、そして凛とした発声が、客席を飲み込む濃厚な空気を作った」と書かれてあり、とてもうれしく思うと同時に、この歳でお褒めの言葉をいただくことが、照れくさくもありました。

私は戦争体験者ですから、戦争の悲惨さをリアルに知っています。戦争で亡くなった人たちの怨念のようなものが私の身体から発せられていたのかもしれません。

2023年2月17〜19日に脚本・演出を担当した舞台に自らも出演した。

公演は3日間だけでしたが、観客の方々の反応はとてもよく、「原爆の恐ろしさを改めて実感させられた」と感想を話してくれた方や、大泣きに泣かれた方もいました。

私たちのような小さな劇団であっても、戦争反対の意思表示をしたい。そう思って公演を行ったのです。第三の原爆が投下されてはならない。「その気持ちだけは表明しなければ」と、決意を持って上演した芝居でした。

魔女の極意

99歳でも「戦争反対」の声を上げ続ける

★戦争は人間を狂わせる

私がいままでに何度も上演したことのある芝居があります。タイトルは『731の幻想』で、生物兵器の開発や治療の研究と称して、人体実験を行った日本軍の「731部隊」を題材にした作品です。

人体実験は、捕虜やスパイ容疑者として捕らえられた朝鮮人、中国人、モンゴル人、アメリカ人、ロシア人などに行われたそうです。ある日本兵の証言によると、その数は3000人以上だったといわれます。

私は731部隊で人体実験を行っていた人物を主人公にしました。彼にはまだ理性が残っており、「自分たちはおそろしいことをやっている」と自覚し、苦悩する科学者として描いています。

人体実験される被験者のことは「人間ではない」と隊員に思わせるため、「マルタ（丸太）」と呼び、その中には一般市民や女性、子どももいたそうです。

731部隊に所属していた科学者たちは、戦後、連合国軍最高司令官ダグラス・マッカーサーを通して「真実を話すなら、戦争犯罪人として訴追《そつい》しない」との交換条件で罪を免れています。

戦争は人間を狂わせます。家庭ではよき夫、よき父親であっても、戦争が始まれば、血も涙もない殺人者にさせられるのです。人を何人殺しても、称《たた》えられこそすれ、糾弾されることはありません。

戦後78年の間、日本は憲法9条に守られて直接的な戦争はしてきませんでした。それはとてもラッキーなことでしたが、「平和ボケ」ともいわれるように、多くの日本人は戦争の悲惨さを忘れています。戦後生まれがほとんどなのですから、それも仕方がないのかもしれません。

けれども**戦争では必ず、多くの人間が死にます。幼い子どもも巻き込まれます。生き残った家族も地獄のような苦しみを味わいます。**

私は生きているかぎり、戦争の悲惨さを演劇で伝えていきたいと思っています。

最後まで
自分の使命をまっとうする

〈著者プロフィール〉
三條三輪（さんじょう・みわ）
1925年生まれ。東京都出身。東京女子医科大学卒業。1984年、五反田駅の近くに三條耳鼻咽喉科クリニックを開業。40年近く院長として働いてきたが、2022年に泣く泣く閉院に。いまは電話で元患者さんの相談にのる日々を過ごす。「魔女」という愛称がお気に入り。モットーは「食べたいものを食べる」。

ひとりで生きて99歳

2023年12月5日　第1刷発行

著　者　三條三輪
発行人　見城 徹
編集人　福島広司
編集者　四本恭子

GENTOSHA

発行所　株式会社 幻冬舎
〒151-0051　東京都渋谷区千駄ヶ谷4-9-7

電話　03(5411)6211(編集)
03(5411)6222(営業)
公式HP：https://www.gentosha.co.jp/
印刷・製本所　株式会社 光邦

検印廃止

ISBN978-4-344-04211-7　C0095

この本に関するご意見・ご感想は、
下記アンケートフォームからお寄せください。
https://www.gentosha.co.jp/e/